ars vivendi

Thilo Castner

Der Kleinstadt-Verführer Franken

22 Touren für Entdecker

Ein ars vivendi Freizeitführer

Bildnachweis:
Amt für Kultur und Tourismus Stadt Wolframs-Eschenbach: S. 103, 104, 106; Martina Berg/fotolia.de: S. 28; Thilo Castner: S. 17, 18, 19, 23, 24, 49, 52, 55, 78, 125, 126; Alexander Damme/fotolia.de: S. 36; Hajo Dietz: S. 67; Otto Durst/fotolia.de: S. 137; Oliver Frank: S. 109, 110, 113; Fremdenverkehrsamt Stadt Uffenheim: S. 72, 73; Julia Göpfert: S. 14; Ralf Hanisch: S. 92; Andreas Hub: S. 139; Klaus Maigut: S. 13, 119; Markt Neunkirchen a. Brand: S. 53; Markt Schnaittach: S. 65, 68; Stadt Neustadt a. d. Aisch: S. 58, 61, 62; Stadt Windsbach: S. 97, 99, 100; Tourismusbüro Gößweinstein: S. 29; Tourist-Information Beilngires: S. 130, 131, 133; Touristinformation Ebermannstadt: S. 25; Touristinformation Hersbruck: S. 77, 79; Tourist-Information/Kulturamt Greding: S. 127; Tourist Information Pappenheim: S. 145, 146; Touristinformation Stadt Kitzingen: S. 35; Verkehrsamt Neuhaus a. d. Pegnitz: S. 47, 48; Verkehrsamt Stadt Heilbronn: S.91; Verwaltungsgemeinschaft Gräfenberg: S. 40, 41, 43; Gerhild Wächter: S. 136; Weimar/fotolia.de: S. 84, 87; Ingrid Wenzel: S. 116, 120;
Umschlag vorne: o. l.: Weimar/fotolia.de; o. r.: Martina Berg/fotolia.de; u. l.: Oliver Frank; u. r.: Alexander Damme/fotolia.de; Umschlag hinten: Gerhild Wächter

Zweite Auflage 2013
Erste Auflage 2012

www.arsvivendi.com

Umschlag: ars vivendi verlag
Satz: Christine Richert, www.typoholica.de
Karten: Ingenieurbüro Dieter Ohnmacht, Frittlingen
Lektorat: Eva Wagner, Nürnberg
Druck: Beltz, Bad Langensalza
Printed in Germany

ISBN 978-3-86913-116-0

Inhalt

Vorwort 7

Übersichtskarte 8

1 *Königsberg in Bayern* 10
Idylle an der Straße der Fachwerk-Romantik

2 *Creußen* 16
Krügemuseum und Georgifest

3 *Ebermannstadt* 21
Ein Städtchen »so behaglich dahingelagert«

4 *Gößweinstein* 27
Auf den Spuren Balthasar Neumanns

5 *Kitzingen* 32
Trinkfest und fastnachtfroh

6 *Gräfenberg* 39
Hier wurde Geschichte geschrieben

7 *Neuhaus an der Pegnitz* 45
Der »Zoigl« zeigt den Weg

8 *Neunkirchen am Brand* 51
Geprägt vom Augustiner Chorherrenstift

9 *Neustadt an der Aisch* 57
Eine Domäne der Hohenzollern

10 *Schnaittach* 64
Im Schatten der Festung Rothenberg

11 *Uffenheim* 70
Die »Perle im Gollachgau«

12 *Hersbruck* 75
»Cittaslow« verspricht Lebensqualität

13 *Lauf an der Pegnitz* 82
Fluss als Namensgeber und Wohltäter

14 *Heilsbronn* 89
Wo das Wirken der Zisterzienser noch zu spüren ist

15 *Windsbach* 96
Bekannt durch schöne Knabenstimmen

16 *Wolframs-Eschenbach* 102
Die Stadt des Deutschen Ordens und des Parzival-Dichters

17 *Hilpoltstein* 108
Ein Städtchen mit mittelalterlichem Flair

18 *Dinkelsbühl* 115
Wunderwerk aus Mauern, Türmen und Toren

19 *Greding* 123
Ein städtebauliches Juwel

20 *Beilngries* 129
Zwischen Altmühl und Schloss Hirschberg

21 *Weißenburg in Bayern* 135
Im Bann einer alten Reichsstadt

22 *Pappenheim* 142
Von Grafen regiert und literarisch geadelt

Zum Autor 148

Register 149

Vorwort

Der Schriftsteller Karl Immermann stellte 1837 in seiner *Fränkischen Reise* fest, Franken sei »wie ein Zauberschrank, immer neue Fächer tun sich auf und zeigen bunte, glänzende Kleinodien, und das hat kein Ende«. An dieser Einschätzung hat sich bis heute nichts geändert, und es sind vor allem fränkische Ortschaften, für die der Vergleich mit einem Zauberschrank zutrifft. Das gilt für Großstädte wie Nürnberg oder Würzburg, aber auch für zahlreiche Kleinstädte, die in diesem Buch vorgestellt werden. Mit dem *Großstadt-Verführer Franken* (ebenfalls bei *ars vivendi*) hingegen kann man in zwölf abwechslungsreichen Touren urbanes Flair in Franken erleben und genießen.

Absicht dieses Büchleins ist es, seine geneigten Leser und Leserinnen an die Hand zu nehmen und sie auf genau beschriebenen Rundgängen zu den schönsten der »glänzenden Kleinodien« zu führen, als da wären Burgen und Schlösser, stolze Bürgerhäuser, prächtige Kirchen, reichhaltige Museen, alte Stadtmauern und imposante Stadttore, Gärten und Parkanlagen. Natürlich können in Ortschaften wie Lauf, Heilsbronn oder Dinkelsbühl innerhalb weniger Stunden nicht alle Sehenswürdigkeiten begutachtet werden, aber es spricht ja nichts dagegen, ein zweites oder drittes Mal zu kommen. Auch besteht immer die Möglichkeit, sich in dem jeweiligen Tourismuszentrum zusätzliches Informationsmaterial zu besorgen und von der vorgeschlagenen Route abzuweichen.

Großen Wert habe ich darauf gelegt, zu zeigen, dass alle Städte mit öffentlichen Verkehrsmitteln erreichbar sind. Doch natürlich werden auch Autofahrer informiert, wo sie parken können und wie sie zum Ausgangspunkt der Rundgänge finden. Insofern versteht sich der *Kleinstadt-Verführer* als Alternative zu teuren Fernreisen. In einer Zeit, da das Geld nicht mehr so locker sitzt und in vielen Haushalten gespart werden muss, kostet ein Tagesausflug in die nahe fränkische Heimat relativ wenig und lässt dennoch Erstaunliches erleben, selbst in einem Städtchen mit nur ein paar Tausend Einwohnern.

Allerdings sind die vorgestellten Ortschaften nur eine Auswahl. Es gibt noch viele andere Kleinstädte in Franken, die einen Besuch lohnen. Vielleicht regen die beschriebenen Rundgänge ja dazu an, auf eigene Faust in weiteren Städten auf die Suche nach »bunten, glänzenden Kleinodien« zu gehen. *Thilo Castner*

1 Idylle an der Straße der Fachwerk-Romantik
2 Krügemuseum und Georgifest
3 Ein Städtchen »so behaglich dahingelagert«
4 Auf den Spuren Balthasar Neumanns
5 Trinkfest und fastnachtfroh
6 Hier wurde Geschichte geschrieben
7 Der »Zoigl« zeigt den Weg
8 Geprägt vom Augustiner Chorherrenstift
9 Eine Domäne der Hohenzollern
10 Im Schatten der Festung Rothenberg
11 Die »Perle im Gollachgau«
12 »Cittaslow« verspricht Lebensqualität
13 Fluss als Namensgeber und Wohltäter
14 Wo das Wirken der Zisterzienser noch zu spüren ist
15 Bekannt durch schöne Knabenstimmen
16 Die Stadt des Deutschen Ordens und des Parzival-Dichters
17 Ein Städtchen mit mittelalterlichem Flair
18 Wunderwerk aus Mauern, Türmen und Toren
19 Ein städtebauliches Juwel
20 Zwischen Altmühl und Schloss Hirschberg
21 Im Bann einer alten Reichsstadt
22 Von Grafen regiert und literarisch geadelt

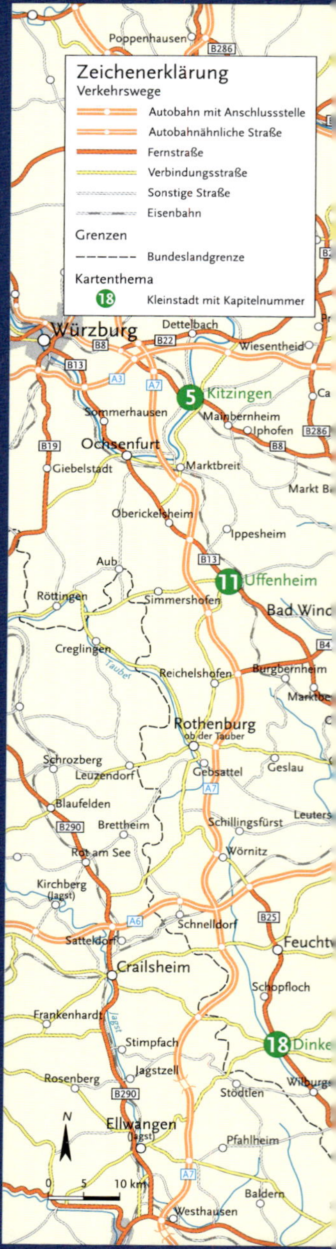

1 Königsberg in Bayern
2 Creußen
3 Ebermannstadt
4 Gößweinstein
6 Gräfenberg
7 Neuhaus an der Pegnitz
8 Neunkirchen am Brand
9 Neustadt an der Aisch
10 Schnaittach
12 Hersbruck
13 Lauf an der Pegnitz
14 Heilsbronn
15 Windsbach
16 Wolframs-Eschenbach
17 Hilpoltstein
19 Greding
20 Beilngries
21 Weißenburg in Bayern
22 Pappenheim
Bamberg
Bayreuth
Kulmbach
Erlangen
Fürth
Nürnberg
Forchheim
Schwabach
Ansbach
Roth
Gunzenhausen
Treuchtlingen
Eichstätt
Neumarkt in der Oberpfalz
Amberg
Sulzbach-Rosenberg
Kelheim
Pegnitz
Altdorf
Feucht
Wendelstein
Haßfurt
Ebern
Staffelstein
Klosterlangheim
Mainleus
Neuenmarkt
Marktschorgast
Gefrees
Weismain
Ebensfeld
Himmelskron
Bad Berneck
Bischofsgrün
Zeil am Main
Kirchlauter
Reckendorf
Rattelsdorf
Zapfendorf
Wattendorf
Thurnau
Neudrossenfeld
Goldkronach
Warmensteinach
Stadelhofen
Stettfeld
Baunach
Eltmann
Breitengüßbach
Scheßlitz
Ludwag
Wonsees
Bindlach
Weidenberg
Kirchaich
Memmelsdorf
Hollfeld
Speichers-dorf
Prölsdorf
Aufseß
Plankenfels
Heiligenstadt
Waischenfeld
Freiahorn
Neustadt am Kulm
Burgebrach
Hirschaid
Muggendorf
Speinshart
Schlüsselfeld
Pommersfelden
Hallerndorf
Pretzfeld
Pottenstein
Heinersreuth
Höchstadt
Egloffstein
Weidensees
Lonnerstadt
Heroldsbach
Kunreuth
Auerbach in der Oberpfalz
Uehlfeld
Hiltpoltstein
Münchsteinach
Effeltrich
Gerhardshofen
Dechsendorf
Weisendorf
Velden
Königstein
Vilseck
Steinensittenbach
Herzogenaurach
Emskirchen
Heroldsberg
Langenzenn
Veitsbronn
Pommelsbrunn
Markt Erlbach
Neuhof an der Zenn
Cadolzburg
Röthenbach an der Pegnitz
Zirndorf
Alfeld
Rügland
Großhabersdorf
Oberasbach
Schwend
Kastl
Ursensollen
Bruckberg
Rohr
Engelsberg
Pölling
Hohenburg
Neuendettelsau
Abenberg
Allersberg
Berngau
Velburg
Merkendorf
Wassermungenau
Hörmannsdorf
Georgensgmünd
Freystadt
Ornbau
Spalt
Mühlhausen
Igelsbachsee
Kleiner Brombachsee
Großer Brombachsee
Altmühlsee
Pollanten
Parsberg
Heideck
Berching
Pleinfeld
Thalmässing
Breitenbrunn
Gnotzheim
Dittenheim
Ellingen
Neukirchen
Laaber
Hemau
Dietfurt
Westheim
Raitenbuch
Kinding
Markt Berolzheim
Painten
Oettingen in Bayern
Wachenzell
Riedenburg
Kipfenberg
Polsingen
Pollenfeld
Essing
Pondorf
Denkendorf
Main
Regnitz
Aisch
Wiesent
Pegnitz
Altmühl
Main-Donau-Kanal
Rothsee
A3
A6
A9
A70
A73
B2
B4
B8
B13
B14
B22
B26
B85
B173
B279
B289
B299
B303
B466
B470
B505

1 Königsberg in Bayern
Idylle an der Straße der Fachwerk-Romantik

Ort:
Unterfränkische Stadt im Landkreis Haßberge. Rund 3.700 Einwohner.

Geschichte:
Entstanden um 1180 als »*Cuningesberc*« auf dem »Weinberg des Königs«. Die Stadt kommt 1248 an den Bischof von Bamberg und fällt ein Jahr später unter die Herrschaft der Henneberger. Marktrecht 1333, Stadtrechte 1358. Seit 1400 Bestandteil der Wettinischen Herzogtümer. Kommt 1569 an Sachsen-Weimar, 1640 an Sachsen-Gotha, 1675 an das Herzogtum Sachsen-Hildburghausen und 1826 an das Herzogtum Sachsen-Coburg und Gotha. Nach einer Volksabstimmung seit 1. Juli 1920 bayerisch.

Sehenswürdigkeiten:
Marienkirche. Rathaus mit Glockenspiel. Salzmarkt mit Tilly- und Regiomontanushaus. Stauferburg-Ruine. Kunsthandwerkerhof.

Dauer des Rundgangs:
Mit Aufstieg zur Schlossruine, aber ohne Einkehr, 2–3 Std.

Anfahrt:
ÖPNV: Mit dem Zug nach Haßfurt, anschließend mit dem Bus zur Haltestelle Regiomontanusstraße in der Nähe des Haßfurter Tores. Kfz: Auf der A 70 zur Ausfahrt 12, anschließend auf der B 26 bis Zeil a. Main, von da über Krum und Altershausen zum Parkplatz bei der Königsberger Stadthalle.

Königsberg ist heute ein winziges Städtchen mit nicht einmal 4.000 Einwohnern, die zehn eingemeindeten Ortschaften ringsum mitgerechnet. Im Mittelalter dagegen war Königsberg eine wohlhabende und bedeutende Stadt und zählte zu den wenigen europäischen Städten, die mehr als 2.000 Einwohner hatten. Das weckte stets die Begehrlichkeit der umliegenden Herzogtümer und führte zu wiederholtem Herrschaftswechsel. Im Dreißigjährigen Krieg verursachten die kaiserlichen Truppen zwei verheerende Stadtbrände, ein Umstand, der sich später allerdings als Vorteil erweisen sollte. Da nahezu alle Häuser verbrannt waren und somit kaum noch Bausubstanz aus früheren Zeiten vorhanden war, entstand beim Wiederaufbau der Altstadt im 17. und 18. Jahrhundert ein einheitliches Fachwerkensemble, das bis heute erhalten geblieben ist, nicht zuletzt dank eines strengen Denkmalschutzes, für den sich Altbürgermeister Dr. Mett frühzeitig eingesetzt hatte. Unbestritten ist Königsberg derzeit eines der schönsten und romantischsten Städtchen in Franken.

Uhrmacherhaus und Haßfurter Tor

Start des Rundgangs für die Autofahrer am Parkplatz vor der Stadthalle. Ein paar Meter auf der Altershäuser Straße nach links und dann gleich erneut links auf dem Mauerweg zur Straße Goldene Röhre. Wer mit dem Bus gekommen ist, geht durch das Haßfurter Tor und dann rechts auf dem Mauerweg ebenfalls bis zur Goldenen Röhre. Hier können wir nun die ersten imposanten Fachwerkhäuser bewundern. Besonders sehenswert ist das letzte Haus in der Goldenen Röhre an der Ecke zur Eduard-Lingel-Straße aus dem Jahr 1707 mit reichem Fachwerk aus Rauten und Sternkreuzen. Noch prächtiger ist nur das Uhrmacherhaus in der Marienstraße 36 schräg gegenüber, gebaut 1703, wohl das schönste Gebäude in Königsberg überhaupt, mit einem runden Barockportal und grimmigen Fratzen im Obergeschoss des Fachwerks. Auch die Alte Schmiede links verdient Beachtung.

Wir schlendern auf der Eduard-Lingel-Straße weiter Richtung Haßfurter Tor, das ebenfalls während des Dreißigjährigen Krieges zerstört worden war und später, mit einem Fachwerkobergeschoss ausgestattet, an Eleganz dazugewonnen hat. Dem aufmerksamen Besucher wird schnell auffallen, dass viele Häuser mit Kletterrosen und Weinreben bepflanzt sind und einige Hausfassaden mit lustigen oder ernsten Sinnsprüchen aufwarten. In einem dieser Sprüche wird an die Vergänglichkeit alles Irdischen erinnert:

»Dies Haus ist mein, und doch nicht mein /
Beim Nächsten wird es auch so sein.
Den Dritten trägt man auch hinaus /
Nun frag ich, wem gehört dies Haus?«

Der Marktplatz

Wir gehen zum Uhrmacherhaus zurück, kommen auf der Marienstraße nach einer Rechtskurve zunächst zur *Herrenschenke* und erreichen dann den Marktplatz. Das nach dem Stadtbrand von 1632 wieder aufgebaute Rathaus imponiert vor allem durch seine Größe. Ganz rechts an der Ecke steht seit 1955 eine Rolandfigur mit erhobenem Schwert, Symbol der hohen Gerichtsbarkeit und der städtischen Freiheiten – über beides verfügte Königsberg im Mittelalter. Seit 1980, anlässlich der 800-Jahrfeier, erklingt vom Rathaus täglich zweimal, um 11.30 und um 15.30 Uhr, ein Glockenspiel mit vier verschiedenen Melodien (*Im schönsten Wiesengrunde – Es ist ein Schnitter, heißt der Tod – Nun danket alle Gott – Üb immer Treu und Redlichkeit*). Und dazu, ausgenommen in den Wintermonaten, treten vier Figuren heraus, und zwar Regiomontanus, Tilly, Reichsgraf von Seckendorff sowie der steinerne Roland, die alle, wie noch zu zeigen sein wird, mit der Geschichte Königsbergs aufs Engste verbunden sind.

Wir widmen uns aber jetzt erst einmal der von 1397 bis 1432 erbauten Marienkirche, einer der bedeutendsten gotischen Hallenkirchen Frankens. Großartig das dreischiffige Langhaus und der Chorraum mit den farbigen Glasfenstern. Die reich verzierte Kanzel wird symbolisch von Moses getragen, Orgel und Empore bilden ein harmonisches Ganzes. In der Wand des linken Seitenschiffs ist der Abdruck eines protestantischen Abendmahlreliefs aus der Dresdner Kreuzkirche eingefügt, ein Werk des in Königsberg geborenen Bildhauers Heinrich Epler.

Aber auf dem Marktplatz ist noch mehr zu sehen, so das im 14. Jahrhundert erbaute Unfinder Tor, durch das man die Friedhofskirche St. Burkard erreicht, und neben dem Tor das Geburtshaus des Komponisten und späteren Darmstädter Hofkapellmeisters Wolfgang Carl Briegel. In der Mitte des Marktplatzes das Standbild Johannes Müllers, des berühmtesten Astronomen und Mathematikers seiner Zeit, der sich mit »Regiomontanus« den latinisierten Namen seiner Heimatstadt zulegte. Er hatte in Nürnberg die erste Sternwarte gegründet und in Rom auf Einladung von Papst Sixtus IV. 1475 an der Kalenderreform mitgearbeitet. Er gilt als Begründer der modernen Trigonometrie.

Vom Salzmarkt zur Burgruine

Der malerischste Teil der Stadt ist zweifellos der Salzmarkt. Hier reiht sich Fachwerk an Fachwerk, und jedes Haus ist einmalig. Salzmarkt 6 ist das Geburtshaus von Regiomontanus und wird zurzeit als denkmalgeschütztes Ferienhaus vermietet. Direkt gegenüber das Tillyhaus. Der Generalissimus der kaiserlichen Truppen hatte hier nach Einnahme der Stadt am 6. März 1632 gewohnt, und sein Name ist auf ewig mit dem schweren Stadtbrand verbunden, der in jener Nacht 130 Bürgerhäuser vernichtete. Vor dem Fuchshof mit der dahinterliegenden katholischen Pfarrkirche St. Josef – sie war 1956/1957 notwendig geworden, um dem Zuzug katholischer Heimatvertriebener gerecht zu werden – biegen wir links in den Schlossberg ein und machen uns auf den Weg zur Burgruine. Es ist ein ziemlich steiler Anstieg, aber oben angekommen, werden wir mit einem fabelhaften Ausblick auf die Stadt und die nahen Haßberge belohnt.

Beeindruckendes Fachwerk am Königsberger Marktplatz

Wie überlieferten Aufzeichnungen zu entnehmen ist, war die alte Reichsburg eine glanzvolle Befestigungsanlage mit sieben Außentürmen, mit Bergfried und Glockenturm, geschützt durch einen mit Wasser gefüllten Wallgraben plus Palisadenzaun. Des Öfteren belagert und erobert, jedoch nie zerstört, begann der Verfall, als 1764 mit dem Herzog von Sachsen-Hildburghausen der letzte Eigentümer auszog. 1898 erwarb die Stadt die Ruine, und die 1921 gegründete Schlossberggemeinde hat in den letzten Jahren vieles restauriert, sodass ein Rundgang über den Wallgraben zur *Schlossberggaststätte* und den wieder intakten Rongeturm ein reines Vergnügen ist. Eine Gedenktafel informiert die Besucher, dass auf der Burg eine berühmte Persönlichkeit das Licht der Welt erblickte: Friedrich Heinrich von Seckendorff, der später als Reichsgraf, Generalfeldmarschall und Diplomat in die Geschichte einging. Hinter der Burgruine in Sichtweite des Parkplatzes liegen ein Tempel für die gefallenen Soldaten des Ersten Weltkrieges sowie die Trauernde Mutter, eine ergreifende Skulptur des Bildhauers Karl Hornung, für die Gefallenen 1939–1945.

Hoch über der Stadt thront die Ruine der alten Reichsburg

Zum Abschluss durch die Gässchen schlendern

Über Schlossberg und Salzmarkt geht's zurück ins Zentrum. Es gibt jetzt noch unendlich viel zu entdecken, denn ob in der Winter-, Kirch-, Stadel-, Pfarr- oder Braugasse – kunstvolle Portale und Türstöcke, alte Ziehbrunnen, überraschende Ornamente am Mauerwerk der Häuser und Stadttore sind überall zu finden. Auf keinen Fall sollte versäumt werden, dem gotischen Friedhofskirchlein am Steinweg einen Besuch abzustatten. Besonders wertvoll ist hier neben Kanzel und Orgel die bunt bemalte Kassettendecke. Und auch die Besichtigung des Kunsthandwerkerhofs Am Alten Brauhaus mit Ausstellungen von internationalen und nationalen Künstlern bzw. Kunsthandwerkern ist eigentlich unerlässlich, weil man hier erleben kann, auf welch wunderbare Weise in Königsberg Altes und Neues zusammengefunden hat.

Informationen:

Stadtverwaltung Königsberg, Marktplatz 7, 97486 Königsberg in Bayern, Tel. 0 95 25/92 22, www.koenigsberg.de

Kunsthandwerkerhof Königsberg, Am Alten Brauhaus, Tel. 0 95 25/18 63 oder 0 95 25/98 10 89. Geöffnet Mi–So ab 14.00. www.kunst-handwerkerhof.de

Einkehrtipps:

Restaurant Herrenschenke, Marienstr. 3, Tel. 0 95 25/9 23 20. Geöffnet Di–So 11.00–22.00, Mo Ruhetag, www.herrenschenke.de

Schlossberggaststätte, Schlossberg 14, Tel. 0 95 25/98 19 44. Bis Mär Sa, So, Fei ab 11.00 durchgehend geöffnet, ab Apr Mi–So ab 11.00 durchgehend geöffnet, Mo und Di Ruhetag, ab Mai nur noch Mo Ruhetag, www.schlossberggaststaette.de

Extras:

Zu Pfingsten großes Heimatfest mit Auszug der historischen Bürgerwehr, entstanden im Revolutionsjahr 1848 und die einzige noch bestehende Bürgerwehr in Deutschland.

2 Creußen
Krügemuseum und Georgifest

Ort:
Oberfränkische Stadt am Roten Main im Landkreis Bayreuth. Ca. 5.000 Einwohner.

Geschichte:
Erste urkundliche Erwähnung im Jahr 1003 als *»castrum crusni«*. Stadtrechte 1358 durch Kaiser Karl IV. Lange unter der Herrschaft des Burggrafen von Nürnberg, ab 1791 preußisch, von 1807–1810 unter französischer Herrschaft, danach bayerisch.

Sehenswürdigkeiten:
Komplett erhaltene Stadtmauer mit Toren und Wehrtürmen. Pfarrkirche St. Jakobus. Altes Rathaus. Krügemuseum. Eremitenhäuschen.

Dauer des Rundgangs:
Ohne Museumsbesuch etwa 1 1/2 Std.

Anfahrt:
ÖPNV: Mit dem Zug (R 3) nach Creußen. Vom Bahnhof auf der Bahnhofstraße in die historische Altstadt. Kfz: Auf der A 9 bis Ausfahrt Trockau, dann über Lindenhardt und Schwürz zum Parkplatz am Bahnhof Creußen.

Im Laufe seiner Geschichte ist die Markgrafenstadt Creußen mehrmals verwüstet worden, 1430 von den Hussiten und 1633 während des Dreißigjährigen Krieges. 1893 zerstörte ein großer Brand die Innenstadt fast völlig, nur Kirche, Pfarr- und Rathaus wurden verschont. Die Schäden konnten jedoch stets beseitigt werden, sodass der historische Kern der Altstadt erhalten geblieben ist und sich der Besucher bei einem Bummel durch die Stadt in zurückliegende Jahrhunderte versetzt fühlen wird.

Eine bürgerliche Eremitage

Die Bahnhofstraße bringt uns in die Altstadt, vorbei am neuen Rathausgebäude, wo allerlei Material über Creußen und seine Umgebung ausliegt. Nach etwa zehn Minuten zweigt links die

Theodor-Künneth-Straße ab, und hier erwartet uns eine erste Sehenswürdigkeit: das von dem Theologen Künneth 1760 erbaute Eremitenhäuschen, die einzige erhaltene bürgerliche Eremitage in Deutschland. Eine Besichtigung ist leider nur von außen möglich, da sich das gut erhaltene Einsiedlerhäuschen in Privatbesitz befindet.

Vom Marktplatz zu Jakobus

Dann die Bahnhofstraße bis zum Ende weiter und anschließend halblinks in die Vorstadt einbiegen. Fast nur Steinhäuser sind zu sehen, wohl eine logische Konsequenz der verheerenden Feuersbrunst von 1893. Ihr zum Opfer gefallen ist auch eines der drei Stadttore, das Vordere Tor – lediglich eine Steintafel zeigt an, wo sich dieses Tor einst befand. Wir sind jetzt im historischen Kern der Altstadt und kommen rechter Hand auf den Marktplatz, eine breite, leicht ansteigende Fläche, bestens geeignet für den jährlich stattfindenden Töpfermarkt und das Georgifest. Am Ende des Marktplatzes befindet sich das ehemalige Kommunbrauhaus. 150 Jahre lang, von 1806 bis 1957, konnten die Creußener Kommunbrauer hier ihr Bier brauen

Die einzige erhaltene bürgerliche Eremitage in Deutschland

Hier konnten die Bürger Creußens bis 1957 ihr eigenes Bier brauen

und in den Sandsteinkellern unterhalb der Stadt lagern. Jetzt ist das Brauhaus Residenz der evangelischen Gemeinde.

Wir setzen den Rundgang fort und kommen rechts zum Heziloplatz mit dem ehemaligen Schirdingschen Palais. Dies ist der höchste Punkt der Stadt und die Stelle, an der einst das *castrum crusni* stand. Treppen führen von hier zu St. Jakobus hinunter. Das Gotteshaus wurde letztmals um 1700 auf Initiative des damaligen Pfarrers Will umgebaut und erweitert. Gegenüber der Kirche liegt die ehemalige Lateinschule. Wir umgehen die Kirche rechts und kommen durch ein Kreuzgewölbe zu einem kleinen Platz, der in Vorzeiten eine Thing- und Versammlungsstätte für Gerichtsverhandlungen gewesen sein soll.

Creußener Steinzeug

Jetzt stehen wir unterhalb der mächtigen Stadtmauer und gelangen auf schmalem Pfad zum komplett erhaltenen Hinteren Tor, erbaut im 15. Jahrhundert, daneben der Hunger- oder Malefizturm, früher genutzt als Wachturm und Gefängnis. Hier war die Einfahrt von Bayreuth zur Habergasse, einst die Hauptstraße Creußens und als Straßenmarkt angelegt, wo auch die Pferde der durchfahrenden Händler versorgt wurden – »Haber«

steht hier für Hafer. Im Hinteren Tor sowie im direkt daran angebauten ehemaligen Scharfrichterhaus, das 2004 generalsaniert wurde, ist das Creußener Krügemuseum untergebracht. Zu sehen sind dort die schönsten Stücke des Creußener Steinzeugs, Töpfe, Krüge, Kannen und Flaschen, als kunstvoll verziertes Trinkgeschirr und als im Alltag genutzter Gebrauchsgegenstand. Ein Besuch lohnt sich, ist doch das Museum in seiner Art einzigartig. Zweckmäßig also, die Fahrt nach Creußen auf die Öffnungszeiten des Museums abzustimmen.

Von den Flammen verschont

Die zweispurige Habergasse bringt uns nun zum Alten Rathaus, das Mitte des 14. Jahrhunderts erbaut worden war und nach seiner Zerstörung durch die Hussiten um 1477 neu errichtet wurde. Sehr sehenswert der historische Sitzungssaal. Obergeschoss und Dach wurden im Dreißigjährigen Krieg zerstört und um 1650 wieder aufgebaut. Im Untergeschoss die

Der Hunger- oder Malefizturm, viele Jahre als Gefängnis genutzt

Rathausschänke. Das altehrwürdige Gebäude überstand glücklicherweise den Feuersturm von 1893.

Nunmehr halten wir uns nach rechts und kommen zum Häfnertor, das bis ins 17. Jahrhundert die Zufahrt aus Nürnberg ermöglichte. Danach biegen wir nach links auf den Hintermühlweg ein, der unterhalb der südlichen Stadtmauer verläuft. Das wuchtige Mauerwerk mit seinen grandiosen Bastionen ist überaus eindrucksvoll. Etwa fünf Minuten später biegen wir links in den Bruckweg ein und erreichen damit wieder die Vorstadt, den Ausgangspunkt unseres Rundgangs durch das historische Zentrum Creußens.

Wer jetzt abseits von Lärm und quirligem Tourismus entspannt einkehren möchte, dem sei die Gaststätte *Im Gärtlein* empfohlen. Die Bayreuther Straße ca. 200 Meter Richtung Bayreuth gehen, nach der Brücke über den Roten Main nach links abbiegen und gleich darauf nach rechts in die Straße Am Hohen Weg. Das letzte Stück der Strecke zum Wirtshaus ist markiert.

Der Rückweg zum Bahnhof führt über die Bayreuther Straße wieder zur Bahnhofstraße.

Informationen:

Tourist-Info im Rathaus, Bahnhofstr. 11, 95473 Creußen, Tel. 0 92 70/98 90, www.stadt-creußen.de

Krügemuseum, Am Rennsteig 8, Tel. 0 92 70/58 05. Geöffnet Ostern bis 31. Okt Mi, Sa und So 10.00–12.00 und 14.00–17.00. 1. Nov bis Ostern Sa 14.00–17.00, So 10.00–12.00 und 14.00–17.00. www.kruegemuseum.de

Einkehrtipp:

Im Gärtlein, Gaststätte & Gästehaus, Im Gärtlein 1–3, Tel. 0 92 70/6 50. Geöffnet ab 9.00 durchgehend, Mo erst ab 18.00, www.im-gaertlein.de

Extras:

Altstadtführung jeden Sa um 14.00. Treffpunkt am Alten Rathaus vor der Rathausschänke.

Georgifest auf dem Marktplatz alle 2 Jahre am letzten Wochenende vor den Schulferien.

Internationaler Töpfermarkt jedes Jahr am 2. So im Jul 10.00–18.00 auf dem Marktplatz.

Ebermannstadt

Ein Städtchen »so behaglich dahingelagert«

Ort:
Staatlich anerkannter Erholungsort im Landkreis Forchheim. Ca. 4.500 Einwohner. Tor zur Fränkischen Schweiz.

Geschichte:
Erste urkundliche Erwähnung 981 als »*Ebermarestad*«. Stadt- und Marktrecht durch Kaiser Ludwig den Bayer 1323. Ab 1200 im Besitz der Herren von Schlüsselberg, ab 1390 unter der Herrschaft des Hochstifts Bamberg. Ab 1803 bayerisch.

Sehenswürdigkeiten:
Altfränkischer Marktplatz mit schönen Fachwerkhäusern. Marienkapelle mit Wehrturm und Strahlenmadonna. Heimatmuseum mit sehenswerten Ammoniten. Zwei alte Scheunenviertel.

Dauer des Rundgangs:
Mit Abstecher zur Wallerwarte gut 3 Std.

Anfahrt:
ÖPNV: Mit dem Regionalexpress (R 2) oder mit der S-Bahn (S 1) nach Forchheim, von dort mit der Regionalbahn (R 22) nach Ebermannstadt. Kfz: Auf der A 73 bis Ausfahrt Forchheim Süd, anschließend auf der B 470 zum Bahnhof in Ebermannstadt. Hier Parkplätze.

Oftmals Beute fremder Mächte

Kein anderes Städtchen in der Fränkischen Schweiz sei »so behaglich hingelagert im breit ausladenden Tal« wie Ebermannstadt, so Hans Max von Aufseß in seinem Buch *Meine Fränkische Schweiz*. Man kann dieser Einschätzung nur zustimmen, wenn man von der 513 Meter hohen Wallerwarte in das Wiesenttal hinunterblickt und sieht, wie die Wiesent sich teilt, mit ihren zwei Armen die historische Altstadt umspült und dann wieder zusammenfließt. Die günstige Lage Ebermannstadts in fruchtbarem Ackerland ringsum hatte in der Vergangenheit allerdings auch erhebliche Nachteile. Immer wieder kam es zu Überschwemmungen, Einquartierungen, Kontributionen und Eroberungen, weil die Stadt trotz ihrer Insellage kaum zu verteidigen war. So brannten 1430 die Hussiten, im Zweiten Markgrafenkrieg 1552/1553 die Söldnertruppen des Albrecht Alcibiades von Brandenburg-Kulmbach und 1633 die Schweden die Stadt nieder, und auch im Siebenjährigen Krieg sowie später während der Koalitionskriege mit Napoleon hatten die Bewohner schwer unter Besetzung und Brandschatzung zu leiden.

Der Legende nach geht der Name Ebermannstadt auf einen Ebermar zurück, der sich hier vor rund 1500 Jahren mit seiner Sippe angesiedelt haben soll. Wohl deshalb ist der Eber seit Beginn des 17. Jahrhunderts im Stadtwappen von Ebermannstadt verewigt, und das urige Borstentier steht außerdem trutzig und kraftstrotzend vor dem renovierten Rathaus an der Bahnhofstraße.

Rund um die Altstadt

Vom Bahnhof kommend beginnt hier auch unser Rundgang. Als Erstes wollen wir die Insellage der Altstadt kennenlernen und biegen rechts in die Chantonnay-Promenade ein. Linker Hand des Fußwegs sieht man die äußersten Häuser der Altstadt, vor Überschwemmungen durch mannshohe Mauern geschützt, rechts den linken Arm der Wiesent. Überall üppiges Grün, beiderseits des Flusses zahllose Weiden und Erlen – ein Naturparadies. Nach kaum zehn Minuten flussaufwärts ist die Stelle erreicht, an der die Wiesent sich teilt. Wir setzen unseren Rundgang nach links fort. An der Brücke zur Ortsmitte ist ein steinerner Nepomuk und das große Wasserschöpfrad, das letzte seiner Art im Wiesenttal und viel bestauntes Wahrzeichen der Stadt.

Auch am rechten Arm der Wiesent ist eine berauschend schöne Natur mit uralten Bäumen und blühender Flora zu bewundern. Unser Rundgang führt uns auf dem Fußpfad zum Rewe-Parkplatz. Wir überqueren den Kirchenplatz und werfen einen Blick in die neuromanische Nikolauskirche, 1859 anstelle einer gotischen Wehrkirche erbaut. Herrlich die farbenfrohen Kirchenfenster in St. Nikolaus. Gleich hinter der Kirche liegt das Untere Scheunenviertel mit einer beachtlichen Zahl gut erhaltener und noch immer genutzter Scheunen. Nach Meinung der Fachleute handelt es sich hier um eines der sehenswertesten Reihenscheunenviertel in Süddeutschland. Weiter geradeaus käme man nach etwa 200 Metern zum linken Wiesentarm, der sich an der Forchheimer Straße in den rechten Arm ergießt.

Marienkapelle und Marktplatz

Nun aber endlich in den alten Stadtkern von Ebermannstadt. Gegenüber von St. Nikolaus, nach rechts leicht versetzt, beginnt die Hauptstraße, Ebermannstadts Geschäftsmeile mit unzähligen Läden, Boutiquen und Einkehrmöglichkeiten. Hier ist immer etwas los, an warmen Sommertagen mit Hunderten von Touristen. Mitte der Hauptstraße nach links halten, und schon stehen wir vor der Marienkapelle aus dem 13. Jahrhundert, dem ältesten und kunsthistorisch wertvollsten Bauwerk der Stadt. Als in den erwähnten Kriegszeiten große Teile der Stadt verwüstet wurden, blieb dies der Marienkapelle dank ihrer robusten Bauweise im Wesentlichen erspart. Einzigartig ist die Innenausstattung der Kapelle mit spätbarockem Hauptal-

Wahrzeichen von Ebermannstadt: Das viel bewunderte Wasserschöpfrad auf der Wiesent

tar und zwei Seitenaltären, darüber ein Tonnengewölbe mit 86 Kassetten. Als besonders erwähnenswert gilt die Strahlenmadonna von Friedrich Theiler, Bildschnitzer und Bildhauer aus Ebermannstadt, der um 1800 lebte und für etliche Kirchen der Fränkischen Schweiz wunderbare Kunstwerke geschaffen hat.

Zurück zur Hauptstraße und anschließend zum Marktplatz, dem Zentrum der Altstadt mit zwei Brunnen und einigen großartigen Fachwerkhäusern. Hier lohnt es sich, zu verweilen und das Bilderbuchpanorama ausgiebig zu genießen. Auch einkehren kann man hier bestens, z. B. im *Schwanenbräu* oder beim *Resengörg*. In Ebermannstadt gibt es noch zwei Brauereien, und die Stadt steht im Ruf, über eine vorzügliche Gastronomie zu verfügen. Es ist also wahrscheinlich kein Zufall, dass Johann Georg Lahner, der Erfinder der Wiener Würstchen, aus dem benachbarten Ortsteil Gasseldorf stammt.

Wallerwarte oder Rothenbühl?

Gesättigt und erfrischt steht nun einer Fortsetzung der Stadterkundung nichts im Wege. Es bietet sich an, nochmals zum Wasserschöpfrad zu gehen und die dort angebrachten Wan-

Brunnen und Fachwerk auf dem Marktplatz von Ebermannstadt

Immer einen Besuch wert: Das Heimatmuseum in Ebermannstadt

dervorschläge zu studieren. Zum Erlebnis-Schwimmbad in Rothenbühl sind es nur zwei Kilometer, und dort erwartet den Besucher mit Wasserfall, Wasserpilz und Riesenrutsche eine Mordsgaudi. Auch der Aufstieg zum Aussichtsturm Wallerwarte dauert nur rund 45 Minuten, allerdings geht es da ganz schön steil bergauf, und eine gewisse Kondition muss vorhanden sein. Einfach den Markierungen Blau-Punkt und Blau-Senkrecht folgen – die Strecke ist als Kreuzweg mit sieben Stationen ausgelegt und führt durch dichten Laubwald mit angenehmer Kühlung an heißen Tagen. Unmittelbar hinter der Teilung der Wiesent liegt das Obere Scheunenviertel mit einem lauschigen Biergarten vom *Schwanenbräu.*

Ein Heimatmuseum vom Feinsten

Wer am Wochenende nach Ebermannstadt kommt, sollte sich unbedingt Zeit für einen Kurzbesuch des Heimatmuseums nehmen. Reich dokumentiert sind die Stadtgeschichte sowie das Leben der Handwerker und die Welt der Frau in vergangener Zeit. Dokumente erinnern auch an die Erfolge Lahners, der mit seiner Erfindung zum reichen Mann wurde, und ebenso ist dem bedeutendsten Sohn der Stadt, Friedrich Theiler, ein eigener Raum gewidmet. Glanzstück des Museums allerdings ist der dreieinhalb Meter lange Fischsaurier, der vor Jahren in den Kalkfelsen rund um Ebermannstadt entdeckt und freigelegt wurde.

Wanderwilligen, die noch über Reserven verfügen, wird empfohlen, abschließend vom Unteren Scheunenviertel aus mit dem Gelb-Strich genussvoll nach Pretzfeld zu laufen. Die knapp drei Kilometer sind in 45 Minuten leicht zu schaffen. Einstieg dann am Pretzfelder Bahnhof.

Informationen:

Tourist-Info Ebermannstadt, Bahnhofstr. 5, 91320 Ebermannstadt, Tel. 0 91 94/5 06 40, www.ebermannstadt.de

Heimatmuseum Ebermannstadt, Bahnhofstr. 5, Tel. 0 91 94/15 71. Geöffnet Apr bis Ende Okt Sa, So und Fei 14.00–17.00. Eintritt Erw. 2 €, Kinder 1 €, Fam. 3,50 €.

Erlebnis-Freibad Rothenbühl-Ebermannstadt, Tel. 0 91 94/73 91 44. Geöffnet Mai–Sept tägl. ab 9.00.

Einkehrtipps:

Gasthof Schwanenbräu, Marktplatz 2, Tel. 0 91 94/76 71 90. Bis auf So Abend, tägl. ab 7.00 durchgehend geöffnet, Biergarten Mo–Fr ab 17.00, Sa–So ab 15.00 durchgehend geöffnet, www.schwanenbraeu.de

Hotel-Gasthof Resengörg, Hauptstr. 36, Tel. 0 91 94/7 39 30. Tägl. 6.00–24.00 geöffnet, Mo Mittag geschlossen, www.resengoerg.de

Extras:

Museumsbahn Ebermannstadt-Behringersmühle Ende Apr bis Ende Okt. So und Fei jeweils 3 Fahrten in beiden Richtungen. Näheres unter Tel. 0 91 94/79 45 41.

Mitte Aug um Mariä Himmelfahrt Altstadtfest mit Festprogramm auf dem Marktplatz.

Gößweinstein

Auf den Spuren Balthasar Neumanns

4

Ort:
Luftkurort und Wallfahrtsort in der Fränkischen Schweiz, Landkreis Forchheim. Ca. 4.000 Einwohner.

Geschichte:
Erste urkundliche Erwähnung 1075. Ab dem 12. Jahrhundert dem Hochstift Bamberg zugehörig. 1348–1780 Sitz eines Vogtamtes der Bamberger Bischöfe. Marktrecht durch Fürstbischof Friedrich Carl von Schönborn Mitte des 18. Jahrhunderts. Bayerisch ab 1803.

Sehenswürdigkeiten:
Wallfahrtskirche. Burg Gößweinstein. Viktor-von-Scheffel-Denkmal. Wallfahrtsmuseum. Spielzeugmuseum.

Dauer des Rundgangs:
Mit der Begehung des Balthasar-Neumann-Wanderwegs ca. 3 Std.

Anfahrt:
ÖPNV: Mit dem Regionalexpress (R 3) bis Pegnitz, anschließend mit dem Bus 389 bis Haltestelle Spielzeugmuseum in Gößweinstein. Kfz: Auf der A 9 bis Ausfahrt Pegnitz, dann auf der B 470 über Pottenstein nach Gößweinstein. Parkplätze auf der Viktor-von-Scheffel-Straße, die vom Marktplatz abzweigt.

Fürsten und Könige gaben sich hier einst die Ehre

Die Lage von Gößweinstein, eingebettet in eine von wuchtigen Dolomitfelsen umrahmte Hochebene, ist einzigartig. Nach dem Bau der Wallfahrtskirche Zur Ehren der Heiligen Dreifaltigkeit erlebte der Ort den Besuch vieler prominenter Gäste. Ob König Ludwig I., König Maximilian II., Frankreichs Ex-Königin Eugenie oder Fürst Hermann Pückler-Muskau, sie alle kamen, um das herrliche Panorama und die beeindruckenden Sehenswürdigkeiten kennenzulernen. Seitdem zieht es jährlich

Das Portal der von Balthasar Neumann erbauten Basilika

Tausende von begeisterten Wanderern und frommen Pilgern hierher. Gößweinstein ist inzwischen zum bekanntesten Wallfahrtsort in Franken geworden.

Anlässlich des 250. Todestages Balthasar Neumanns wurde rund um Gößweinstein ein nach ihm benannter Wanderweg angelegt, der zu einer Reihe von spektakulären Aussichtspunkten führt. Aus diesem Grund wird unser Rundgang im Wesentlichen auf dieser Route erfolgen.

Ein Meisterwerk Balthasar Neumanns

Start also an der Bushaltestelle am Spielzeugmuseum. Wir gehen von hier bis zur Basilika und werden gleich dieses Meisterwerk Balthasar Neumanns aufsuchen. Zuvor aber, gegenüber der Wallfahrtskirche, lohnt sich ein Blick auf das Viktor-von-Scheffel-Denkmal, errichtet von den Bürgern Gößweinsteins. Wie kein anderer hat der Dichter die Schönheiten der Fränkischen Schweiz beschrieben und besungen.

Danach geht's weiter über die breite Terrasse mit ausladender Balustrade in das großartige Gotteshaus, das 1948 von Papst Pius XII. zur *Basilika Minor* erhoben wurde. Gebaut nach Plänen Balthasar Neumanns in den Jahren 1730–1739, zählt die Kirche neben Vierzehnheiligen und der Benediktinerabtei Neresheim zu den bedeutendsten Werken des genialen

Barockbaumeisters. Deckengestaltung, Hochaltar, Seiten- und Kapellenaltäre, Kanzel, Taufstein und Orgel bilden ein Gesamtkunstwerk, das jeden Besucher begeistern wird, egal welcher Glaubensrichtung er angehört. Am besten ein stilles Plätzchen suchen und die barocke Pracht genießen.

Neben der Basilika wurde 2008, im ehemaligen Mesner- und Schulhaus, ein Wallfahrtsmuseum eingerichtet, in dem nicht nur der Bedeutung des Wallfahrtsortes Gößweinstein nachgegangen wird, sondern der Geschichte christlicher Wall-

Idyllisch gelegen: Burg Gößweinstein, das Vorbild der Gralsburg in Wagners *Parsifal*

fahrten generell. Besonders sehenswert ist der Bestand an über 100 lebensgroßen menschlichen Wachsfiguren, vom Wickelkind bis zum Erwachsenen. Hinter der Basilika liegen das Franziskanerkloster und die dazugehörige Klosterkirche mit einem prächtigen, perspektivischen schmiedeeisernen Gitter.

Von Aussichtspunkt zu Aussichtspunkt

Hier beginnt nun auch der Balthasar-Neumann-Rundweg, gekennzeichnet durch ein Porträt Neumanns. Es geht gleich über etliche Treppen ziemlich steil bergauf, zum 500 Meter hohen Kreuzberg und damit zum ersten Aussichtspunkt mit fantastischem Rundblick. Der Kreuzberg ist Endpunkt eines Kreuzwegs mit 14 Stationen, auf dem wir anschließend unseren Rundgang fortsetzen. Schon nach knapp zehn Minuten erreichen wir über eine schattige Allee bei Station IX die Theaterhöhle, darüber liegt der Ludwigfelsen, ein zweiter herrlicher Aussichtspunkt. Unterhalb der Theaterhöhle die Ölberg- und die Elisabeth-Grotte, auf dem Weg dorthin ringsum riesige Felsbrocken.

Etwas später, bei Station V, teilt sich der Weg, geradeaus geht's zur historischen Altstadt, nach rechts über Stufen zum Gernerfelsen, auch von hier wieder ein tolles Panorama. Nach dem Aufstieg zum Gernerfelsen weiter Richtung Innenstadt bis zur Gartenstraße, auf der wir die Petzoldstraße erreichen, von da kommen wir über die Karl-Brückner-Straße und die Burgstraße mithilfe der Balthasar-Neumann-Markierung zur Burg Gößweinstein.

Burg Gößweinstein als Gralsburg

Die Burg hat an die 1000 Jahre erlebt und wird auf einen Grafen Gozwin oder Goswin zurückgeführt, so wie Gößweinstein um 1075 als *Goswinesteyn* belegt ist. Während des Bauernkrieges war die Anlage zerstört, doch die Bauern wurden gezwungen, sie wieder aufzubauen. Seit 1890 befindet sie sich in Privatbesitz und ist aufwendig restauriert worden. Einen Teil der Räumlichkeiten kann man gegen geringes Entgelt besichtigen, so eine Kemenate, ein romanisches Zimmer, eine Waffensammlung sowie im Innenhof der Burg die Zisterne, das Verlies und eine Kapelle mit schönen Wandmalereien. Von der Aussichtsterrasse bietet sich erneut ein herrlicher Weitblick auf die Stadt und die bewaldeten Anhöhen der Fränkischen Schweiz.

Jetzt den Weg zurück und auf der Burgstraße zum Tourismusbüro im Haus des Gastes, in dem eintrittsfrei eine naturkundliche und geologische Sammlung zu sehen ist, u. a. ein Mammutzahn und der Schädel eines Höhlenbärs. Wer noch Mumm in den Knochen hat, setzt zum letzten Aufstieg an und erklimmt, der Markierung folgend, den Pavillon auf der Wagnershöhe, benannt nach dem großen Komponisten, der mit seiner Familie ebenfalls einmal in Gößweinstein war und in der Gößweinsteiner Burg, so die Legende, Anregungen für die Gralsburg in seinem *Parsifal* erhalten hat.

Der Balthasar-Neumann-Rundweg ist damit noch nicht zu Ende und führt in großem Bogen weiter zum Aussichtspunkt Fischersruh. Es spricht jedoch nichts dagegen, den Rundgang jetzt abzubrechen und vom Haus des Gastes aus in die Innenstadt zu gehen. Hier kann man sich im Restaurant-Café *Krone* nach allen Regeln der Kunst verwöhnen lassen. Zuvor oder danach käme vielleicht noch ein Bummel durch die Petzoldstraße in Betracht, gibt es hier doch attraktive Andenken- und Fossilienläden ohne Ende.

Informationen:

Tourismusbüro im Haus des Gastes, Burgstr. 6, 91327 Gößweinstein, Tel. 0 92 42/4 56, www.goessweinstein.de

Wallfahrtsmuseum Gößweinstein, Balthasar-Neumann-Str. 2, Tel. 0 92 42/74 17 66, geöffnet Di–So 10.00–18.00, Nov–Ostern nur Sa und So 10.00–17.00, www.wallfahrtsmuseum-goessweinstein.de

Spielzeugmuseum Gößweinstein, Balthasar-Neumann-Str. 15, geöffnet Mai–Okt Mi, Sa, So und Fei 11.00–18.00, Nov–Apr nur Sa, So und Fei, www.spielzeugmuseum.goessweinstein.de

Burg Gößweinstein, Kontakt über Michael Freiherr von Sohlern, Burgstr. 30, Tel. 0 92 42/71 99.

Einkehrtipp:

Hotel Krone, Restaurant-Café, Balthasar-Neumann-Str. 9, Tel. 0 92 42/2 07. Geöffnet 10.00–22.00, Di Ruhetag, www.krone-goessweinstein.de

5 Kitzingen
Trinkfest und fastnachtfroh

Ort:
Eine der ältesten Städte am Main und Zentrum des größten Weinlandkreises in Deutschland. Rund 20.000 Einwohner.

Geschichte:
Ursprung ist das 745 gegründete Benediktinerinnenkloster. Als Stadt urkundlich erstmals 1300 erwähnt. Zwischen 1336 und 1406 geht die Stadt in den Besitz des Hochstifts Würzburg über und wird 1443 an die Markgrafen von Brandenburg-Ansbach verpfändet. In der Reformationszeit evangelisch, ab 1629 wieder katholisch, 1.000 evangelische Bürger wandern deshalb aus. 1814 endgültig bayerisch.

Sehenswürdigkeiten:
3 Kirchen. 3 Museen. Renaissance-Rathaus am Marktplatz. Alte Mainbrücke. Synagoge.

Dauer des Rundgangs:
Mit Museumsbesuch und Einkehr mindestens 4 Std.

Anfahrt:
ÖPNV: Mit dem Regionalexpress (R 1) zum Kitzinger Bahnhof. Kfz: Auf der A 3 bis Ausfahrt 74 (Schwarzach), von da ebenfalls zum Kitzinger Bahnhof. Hier parken.

Weinseliges Kitzingen

Die Stadt zählt zu den frühen Ansiedlungen an den Ufern des Mains und entwickelte sich zur Weinhandelsmetropole in Deutschland. 1482 hatten sich in Kitzingen Delegierte der fränkischen Fürsten und Bischöfe versammelt und im Ersten Deutschen Weingesetz festgelegt, was im Wein enthalten sein durfte und was nicht. Kitzingen besitzt in der Alten Poststraße einen der ältesten Weinkeller Deutschlands und in der Güterhallstraße eine der ältesten Weinkellereien. Anfang des 20. Jahrhunderts gab es in Kitzingen fast 100 Weinhändler – gegenwärtig sind es nur noch sechs. Dass der Wein in Kitzingen aber nach wie vor eine bedeutende Rolle spielt, belegen die Weinlagen Kitzinger Eselsberg, Kitzinger Wilhelmsberg und Kitzinger Eheriederberg. Und natürlich feiert man hier im Juni fröhliche Weinfeste und Tage des offenen Weinkellers und später den Kitzinger Weinherbst.

Am 23. Februar 1945 waren in Kitzingen durch amerikanische Bombenangriffe über 800 Wohngebäude zum Teil völlig zerstört worden, 700 Menschen hatten den Tod gefunden. Von diesem Schicksalsschlag, dem schwersten im Laufe seiner Geschichte, hat sich Kitzingen natürlich längst erholt und präsentiert sich Besuchern heute wieder als lebensfrohe Stadt mit vielen Höhepunkten.

Das offizielle Deutsche Fastnachtmuseum

Der Weg vom Bahnhof in die historische Altstadt beginnt auf der Friedrich-Ebert-Straße. Hier ist gleich rechts unter der Hausnummer 13 das *Weingut Meuschel* zu finden, wo man sich mit dem Wein aus der Gegend vertraut machen kann. Kurz darauf folgen links der um 1542 angelegte Friedhof und rechts ein kleiner Rosengarten. Danach stehen wir schon vor dem efeuumrankten Falterturm, Kitzingens Wahrzeichen. Die schiefe Turmhaube, so heißt es, drückt aus, wie man sich nach einem ausgiebigen Umtrunk fühlt. In den Räumlichkeiten des Turms ist das einzige offizielle Deutsche Fastnachtmuseum untergebracht mit Masken, Kostümen, Urkunden, Broschüren, Requisiten und Kultgegenständen der närrischen Zeit aus über zwei Jahrhunderten.

Geöffnet ist der Falterturm zwar nur an Wochenenden, doch wenn wir die Falterstraße ein paar Meter weitergehen und links in die Rosenstraße einbiegen, finden wir in Haus Nr. 10 ebenfalls eine umfangreiche Sammlung närrischer Attribute. Hier sind die Öffnungszeiten an den Wochentagen, sodass eine Besichtigung der Exponate entweder hier oder dort immer möglich ist. Die Rosenstraße biegt nach links ab, wir gehen nach rechts den Rosenberg hinab, werfen aber zuvor einen bewundernden Blick auf das schmucke Ackerbürgerhaus, ein Winkelhaus mit Fachwerk aus dem Jahr 1531. Gut denkbar, dass wir am Schluss unseres Rundgangs hier einkehren.

Benediktinerinnen und Ursulinen

Die Rosenbergstraße bringt uns zu dem 1883 angelegten Königsplatz, in der Mitte ein stattlicher Obelisk aus Buntsandstein, eingerahmt von Bäumen und Blumenbeeten. Nun auf der Kaiserstraße weiter, bis links die Alte Poststraße abzweigt. Wir folgen dem Hinweis Kitzinger Klosterkeller und stehen kurz darauf vor dem bereits erwähnten ältesten Weinkeller Deutschlands, geschaffen vor weit über 1.000 Jahren vom Orden der Benediktinerinnen. Das größte der in Reih und Glied stehenden Fässer hat ein Fassungsvermögen von über 22.000 Liter. Besichtigungen sind nach Voranmeldung möglich.

Die Benediktinerinnen hatten mit der Gründung eines Klosters den Grundstein zur Entstehung Kitzingens gelegt. Auf Initiative des Würzburger Erzbischofs übernahmen im Jahre 1660 die Ursulinen das Kloster, das allerdings wegen des schlechten Bauzustandes erneuert werden musste und 1802 im Zuge der Säkularisation aufgehoben wurde. Jetzt ist das Kloster einschließlich der 1344 dazugekommenen Spitalkirche Sitz des Landratsamtes.

Wir gehen durch das offene Gittertor über den Innenhof der ehemaligen Klosteranlage wieder auf die Kaiserstraße zum Platz der Partnerstädte. Vor uns die farbenfrohe, harmonisch gegliederte Fassade der protestantischen Pfarrkirche. Gebaut von Antonio Petrini 1686–1699 für die Ursulinen, wurde die Kirche im Zuge der Säkularisation 1817 von der evangelischen Gemeinde übernommen. Beeindruckend der schlichte, lichtdurchflutete Innenraum des Gotteshauses.

Mittelpunkt Marktplatz

Wir gehen jetzt ein paar Schritte zurück, vorbei an dem mächtigen, 39 Meter hohen Marktturm, und kommen zur Marktstraße bzw. zum Marktplatz. Das Renaissance-Rathaus mit dem reich gegliederten Giebel, Mitte des 16. Jahrhunderts von Meister Eckhart von Schaffhausen erbaut, bietet im Erdgeschoss ständig wechselnde Ausstellungen an. Im zweiten Obergeschoss steht der historische Sitzungssaal mit schönen Wandvertäfelungen und einem mächtigen Kachelofen zur Besichtigung offen. Am Marktplatz verdient sodann das Poganietz-Haus unsere besondere Aufmerksamkeit, ist dies doch eines der ältes-

Im Inneren des Falterturms befindet sich das einzige Fastnachtmuseum Deutschlands

ten und schönsten Bürgerhäuser von Kitzingen. Seit 1996 ist hier ein Conditorei-Museum eingerichtet, das jederzeit gegen geringes Entgelt besichtigt werden kann. Zu sehen sind z. B. vielerlei Backformen, Model, Walzwerke, Marzipanfiguren und Rezepte – ein Eldorado für backfreudige Hausfrauen und neugierige Kinder.

Wir passieren den Kiliansbrunnen mit dem Schutzpatron der Winzer und gehen rechts über die Obere Kirchgasse zur katholischen Pfarrkirche St. Johannes, einer spätgotischen dreischiffigen Hallenkirche aus dem 15. Jahrhundert. Die barocke Haube basiert auf Plänen von Balthasar Neumann. Auffallend die blauen Chorfenster und das moderne Altarbild, eine Darstellung der Taufe Jesu im Jordan. Künstlerisch wertvoll sind vor allem das Sakramentshaus aus dem 15. und die Kanzel aus dem 18. Jahrhundert. An der Außenwand der Kirche eine Ölbergszene, die der Riemenschneiderschule entstammen soll.

Kitzinger Juden sind nicht vergessen

Nach Überquerung des Kirchenplatzes erreichen wir die Schrannenstraße und gehen rechts zur neugebauten Synagoge. Die 1882/1883 errichtete Alte Synagoge war von den Nazischergen in der Pogromnacht niedergebrannt worden. Das Anfang der 1990er-Jahre errichtete neue Gebäude wird, da es in Kitzingen keine jüdische Gemeinde mehr gibt, ausschließlich für Kulturveranstaltungen und Vorträge genutzt. Wer sich für die Stadtgeschichte Kitzingens und die Entwicklung des Landkreises interessiert, geht geradeaus weiter und kommt auf der Landwehrstraße zum Städtischen Museum.

Blick auf das wunderschön am Main gelegene Kitzingen

Über den Main nach Etwashausen

Nun aber auf der Schrannenstraße zurück und zur Alten Mainbrücke, die urkundlich bereits um 1300 Erwähnung findet. Das gelbe Haus rechts am Brückenaufgang ist das ehemalige Zollhaus und jetzt die Kitzinger Touristen-Information. Hier kann man Stadtführungen buchen und einen Stadtplan holen. Der Blick von der Brücke auf die Stadtsilhouette ist einzigartig. Am Brückenende, nun bereits in Etwashausen, nehmen wir links die Kapelle Heilig Kreuz ins Visier. Sie wurde 1741–1745 von Balthasar Neumann entworfen, und das nach der Haager Konvention geschützte Kulturgut gilt als die bedeutendste Dorfkirche des großen Baumeisters, der in Lebensgröße vor der Kirche postiert ist. Auf der gegenüberliegenden Seite dann das *Gasthaus Goldene Gans* mit fränkischen Spezialitäten und mit spritzigen Weinen, serviert in einem ausladenden Biergarten mit schöner Aussicht auf Main und Altstadt. Vor oder nach einer Einkehr sollte man sich einen Bummel entlang der Mainlände, die nach der Gartenschau von 2011 wundervoll rekultiviert worden ist, keinesfalls entgehen lassen.

Abschließend eine Weinprobe?

Mein Vorschlag zum Rückweg: Über die Mainbrücke zum Marktplatz und die Marktstraße geradeaus, dann links in die Herrenstraße. Wer noch nicht eingekehrt sein sollte, findet im *Bayerischen Hof* ein exzellentes Restaurant. Am Eck zur Ritterstraße erinnert eine Gedenktafel an die Niederschlagung des Bauernaufstands im Jahr 1525. Teile der Kitzinger Bevölkerung hatten sich auf die Seite der Aufständischen geschlagen. Zur Vergeltung wurden nach Beendigung des Bauernkrieges auf Anweisung des Markgrafen Casimir 68 Kitzinger Bürger mit einem glühenden Eisen geblendet und der Stadt verwiesen.
Nun links in die Falterstraße zum Falterturm und wie zu Beginn des Rundgangs über die Friedrich-Ebert-Straße zum Bahnhof. Wer noch mehr über Wein aus Franken erfahren möchte, geht vom Falterturm weiter geradeaus auf der Güterhallstraße zum 1843 gegründeten *Weingut Völker* und nimmt sich Zeit für eine Weinprobe. Nach Voranmeldung ist auch eine Besichtigung der Weinkellerei möglich. Danach auf der Güterhallstraße bis zur Friedenstraße vorgehen und dort links zum Bahnhof.

Informationen:

Tourist-Info der Stadt Kitzingen, Schrannenstr. 1, 97318 Kitzingen, Tel. 0 93 21/92 00 19 oder 0 93 21/92 00 49, www.kitzingen.info

Städt. Museum Kitzingen, Landwehrstr. 23, Tel. 0 93 21/92 70 63. Geöffnet Di, Mi, Fr 15.00–18.00, Do 15.00–20.00, Sa, So, Fei 14.00–17.00. Eintritt Erw. 2 €, Kinder bis 18 frei.

Conditorei-Museum im *Café Rösner*, Marktstr. 26, Tel. 0 93 21/92 94 35. Geöffnet Mo–Fr 9.00–18.00, Sa 9.00–16.00, www.conditorei-museum.de

Deutsches Fastnachtmuseum im Falterturm, Tel. 0 93 21/2 33 55. Geöffnet Sa, So, Fei 14.00–17.00, und in der Rosenstraße 10, geöffnet Mo–Do 9.00–12.00 und 14.00–16.00, Fr 9.00–12.00. www.karnevaldeutschland.de

Alter Klosterkeller, Alte Poststr. 6, Besichtigung, auch in Zusammenhang mit einer Weinprobe, nur nach vorheriger Anmeldung unter Tel. 0 93 21/9 16 90.

Weingut Völker, Güterhallstr. 10, Tel. 0 93 21/41 94, www.voelkerwein.de

Weinkellerei Meuschel, Friedrich-Ebert-Str. 13, Tel. 0 93 21/43 78. Als Fränkische Besenwirtschaft geöffnet von Himmelfahrt bis Fronleichnam, Mo–Fr 7–12 und 13.30–17.00, Sa 9.00–12.00, www.weingut-meuschel.de

Einkehrtipps:

Gasthaus Goldene Gans, Balthasar-Neumann-Str. 2, Tel. 0 93 21/3 83 08 83. Tägl. durchgehend geöffnet.

Hotel-Restaurant Bayerischer Hof, Herrnstr. 2, Tel. 0 93 21/14 40. Tägl. 7.00 –24.00 geöffnet, www.bayerischerhof.info.

Gräfenberg

Hier wurde Geschichte geschrieben

Ort:
Oberfränkische Stadt im Landkreis Forchheim mit rund 4.200 Einwohnern.

Geschichte:
Erste urkundliche Erwähnung 1172. Marktrecht 1333, Stadtrecht 1371. Ab 1500 unter Nürnberger Herrschaft mit Sitz eines reichsstädtischen Pflegamts. 1806 wird Gräfenberg bayerisch.

Sehenswürdigkeiten:
Historischer Marktplatz mit altem Rathaus. Ev.-luth. Dreieinigkeitskirche. Biermuseum. Großuhrenmuseum. 3 Stadttore. Eine Vielzahl sehenswerter historischer Häuser.

Dauer des Rundgangs:
Ohne Museumsbesuch und Einkehr rund 1 1/2 Std. Wanderung nach Weißenohe zusätzlich 1 Std.

Anfahrt:
ÖPNV: Vom Nürnberger Nordostbahnhof mit der Bahn (R 21) zum Gräfenberger Bahnhof. Kfz: Auf der B 2 zum Parkplatz am Gräfenberger Bahnhof.

Die Zeiten, da Gräfenberg eine bedeutende Stadt war, zunächst als Verwaltungssitz im Landgebiet der Reichsstadt Nürnberg, später im Königreich Bayern als Sitz eines Landgerichts, sind seit Längerem vorbei. Aber dank des überaus rührigen Altstadtvereins und einiger für Denkmalpflege aufgeschlossener Hausbesitzer ist in letzter Zeit eine stattliche Zahl historischer Gebäude vorbildlich restauriert worden, sodass man bei einem Bummel durch die Altstadt tief in die Geschichte Gräfenbergs eintauchen und viel Überraschendes erfahren kann.

Lebensader Kalkach

Ausgangspunkt des Rundgangs ist der Gräfenberger Bahnhof. Die Altstadt liegt ca. 40 Meter höher, gut erreichbar über die Bahnhofstraße linker Hand des Bahnsteigs. Der Aufstieg ist

Die evangelisch-lutherische Dreieinigkeitskirche

ein wenig mühsam, deshalb Am Pinsel links kurz anhalten. Die Kalkach, das Schicksalsflüsschen Gräfenbergs, stürzt hier wasserfallartig in die Tiefe. 1778 wurden nach einem schweren Wolkenbruch etliche Häuser in der Vorstadt zerstört, allein in dem Häuschen Am Pinsel starben drei Menschen, wie eine Inschrift verrät. Insgesamt 21 Infotafeln ähnlicher Art, gestaltet vom Gräfenberger Altstadtverein, sind an allen Sehenswürdigkeiten Gräfenbergs angebracht und ermöglichen so dem Besucher eine schnelle und präzise Orientierung.

Ein paar Schritte auf der Bahnhofstraße weiter und dann rechts dem Hinweis zur Kalkach folgen, die sich hier an der alten Stadtmauer entlangschlängelt. Ein schmaler Pfad, teilweise über Bretter und Steinstufen, führt zu dem restaurierten Brennhaus eines Hafners und anschließend wieder zur Bahnhofstraße. Hier treffen wir auf das ehemalige Kommunbrauhaus, in dem seit 1628 bis Mitte des 20. Jahrhunderts Gräfenberger Bürger ihr eigenes Bier brauen durften. Gleich daneben das ehemalige Malzdörrhaus, in dem Hopfen und Malz gelagert wurden.

Am Gasthaus *Grüner Baum* biegen wir nach rechts ab. Links das ehemalige Zollhäuschen am 1831 abgetragenen Westtor. Wir halten uns kurz darauf erneut rechts, gehen in die Schulgasse und besichtigen anschließend die evangelisch-lutherische Dreieinigkeitskirche. Baubeginn war im 13. Jahrhundert. Der Turm ist romanisch, der Chor dagegen gotisch, das Kirchenschiff mit zwei mächtigen Emporen entstand in der Barockzeit. Vor der Kirche unübersehbar das ehemalige Pflegamtsschloss, jetzt Sitz der Stadtverwaltung, hier kann man sich mit einer Fülle von Prospekten über die Gräfenberger Vergangenheit eindecken.

Von der Kirche dann auf den angrenzenden Friedhof, von dem aus wir einen weiten Ausblick auf das von der Kalkach durchflossene Tal haben. Wir verlassen den Friedhof linker Hand durch das Nordtor und kommen über die Kirchgasse zur Bayreuther Straße und damit zum Hiltpoltsteiner Tor. Gleich daneben das ehemalige Mesnerhaus. Kaum zu glauben, dass dort Mitte des 19. Jahrhunderts bis zu 60 Kinder unterrichtet wurden, denn der Mesner war gleichzeitig Lehrer.

Ritter Wirnt von Gravenberc

Vom Hiltpoltsteiner Tor, das zeitweise auch als Gefängnis diente, sind es dann nur einige Meter zum Highlight Gräfen-

Standbild des edlen Ritters Wirnt von Gravenberc auf dem Marktbrunnen

bergs, dem Marktplatz, in dessen Mitte – wie heute noch in den Städten Lauf oder Pegnitz – früher das Rathaus stand, bis es 1870/1871 abgerissen und in das prächtige Erkerhaus neben dem Egloffsteiner Tor verlegt wurde. Der große Marktbrunnen, der bis ins 20. Jahrhundert die Gräfenberger mit sauberem Trinkwasser versorgt hatte, wird seit 1900 von einer Zinnfigur des edlen Ritters Wirnt von Gravenberc gekrönt. Er verfasste das mittelalterliche Epos *Wigalois, der Ritter mit dem Rade,* eine Heldensage aus 11.708 gereimten Versen, die einst so populär gewesen sein sollen wie das *Nibelungenlied.*

Und Gräfenberg hält seinem berühmtesten Sohn bis heute die Treue. So ist die Ritter-Wirnt-Realschule nach ihm benannt, es gibt in Gräfenberg eine Ritter-Wirnt-Straße, die *Brauerei Friedmann* kredenzt einen süffigen Ritter-Wirnt-Trunk, und am Haus Marktplatz 10 ist, unter Bezug auf das Heldenepos, der Turnierkampf zweier Ritter zu Pferde dargestellt. Zudem sind die ruhmreichen Taten des Wigalois seit 2011 in einem Mittelalter-Comic nachzulesen. Neu geschrieben hat die Saga der Gräfenberger Manfred Schwab, und illustriert wurde das Epos von dem Katalanen Isidre Monés.

Frieden zwischen Bayern und Preußen

Gräfenberg hat allerdings noch mehr Geschichtsträchtiges zu bieten. In der Alten Post, linker Hand des Ritter-Wirnt-Denkmals, kam es am 31. Juli 1866, wie man an der Fassade nachlesen kann, zu Waffenstillstandsverhandlungen zwischen Bayern und Preußen, ein wahrlich epochales Ereignis und ein entscheidender Schritt zur späteren Reichsgründung von 1871.

Zweifacher Museumsbesuch

Wir verlassen den Marktplatz durch das Egloffsteiner Tor, biegen links in die Kasberger Straße ein und erreichen nach kaum 100 Metern rechts das Turmuhrenmuseum. Ein Besuch ist unbedingt zu empfehlen. Die über 50, hier gesammelten Großuhren stammen zumeist aus alten Kirchen und Kapellen und haben allesamt eine wechselvolle Geschichte aufzuweisen. Das älteste Exemplar, noch dem Julianischen Kalender und der Temporalzeit verpflichtet, kommt aus Untertrubach, hat über

Das Rathaus mit seinem malerischem Erker

500 Jahre auf dem Buckel und ist wie alle anderen Uhren noch voll funktionsfähig. In einem separaten Raum sind wertvolle Versteinerungen aus den Juraschichten rund um Gräfenberg zu sehen.

Auf der Kasberger Straße zurück, dann rechts in die Straße Am Bach. Das gelbe Eckhaus mit Walmdach beherbergt jetzt das von der *Brauerei Lindenbräu* geschaffene Brauereimuseum. Der dazugehörige Brauereigasthof liegt gleich daneben und bietet seinen Gästen neben allerlei Biersorten gute fränkische Küche. Die andere Brauereigastwirtschaft, die ebenfalls eine Einkehr lohnt, ist *Friedmanns Bräustüberl* in der Bayreuther Straße unmittelbar neben dem Hiltpoltsteiner Tor.

Michelsberg oder Mönchsberg

Der Stadtrundgang wäre damit eigentlich beendet. Wer jedoch noch die nähere Umgebung Gräfenbergs genauer kennenlernen möchte, hat jetzt zwei Möglichkeiten. Entweder auf der Michelsbergstraße gegenüber von *Friedmanns Bräustüberl* hinauf zum Michelsberg und damit, nach einem längeren Aufstieg, zum Kriegerdenkmal, wo einst die Michelskapelle stand. Von dort oben hat man einen herrlichen Blick über die Dächer von Gräfenberg und auf die umliegenden Anhöhen. Oder, und das wäre die zwar etwas anstrengendere, aber dafür die lohnendere Tour, auf der Bayreuther Straße weitergehen bis zur B 2 und von da aus mit der Markierung Fünf-Seidla-Steig nach Weißenohe laufen. Es sind etwa drei Kilometer bis dahin, und der 500 Meter hohe Mönchsberg muss dabei überwunden werden. Der Ausblick bis ins Schwabachtal, nach Stöckach und zum Lindelberg lässt die Strapazen aber schnell vergessen, und in Weißenohe stünde einer zünftigen Einkehr in der dortigen Klosterbrauerei sicherlich nichts im Wege.

Informationen:

Stadt Gräfenberg, Kirchplatz 8, 91322 Gräfenberg, Tel. 0 91 92/70 90, www.graefenberg.de

Turmuhrenmuseum im »Gerbers Stodl«, Kasberger Str. 16, Tel. 0 91 92/82 66. Geöffnet Apr–Okt Sa und So 14.00–18.00 oder nach Vereinbarung.

Brauereimuseum des Brauereigasthofs Lindenbräu, Am Bach 9. Besichtigung nur nach vorheriger Vereinbarung unter Tel. 0 91 92/3 48.

Einkehrtipps:

***Brauereigasthof Lindenbräu*, Am Bach 3, Tel. 0 91 92/3 48. Geöffnet Mo–Do, Sa 11.00–22.00, So 16.00–22.00, Fr Ruhetag, www.lindenbraeu.de**

***Friedmanns Bräustüberl*, Bayreuther Str. 14, Tel. 0 91 92/99 23 18. Geöffnet Mi–Sa 11.00–22.00, So 10–19, Mo und Di Ruhetag, ab April nur noch Mo Ruhetag, www.friedmanns-braeustueberl.de**

***Klosterbrauerei Weißenohe*, Klosterstr. 20, 91367 Weißenohe, Tel. 0 91 92/63 57. Geöffnet 15.03.–31.10. Mi–Fr ab 11.00, Sa–So ab 10.00, Mo und Di Ruhetag. 01.11.–14.03. Do und Fr ab 17.00, Sa und So ab 11.00, Mo–Mi Ruhetag, www.das-wirtshaus-klosterbrauerei-weissenohe.de**

Neuhaus an der Pegnitz

Der »Zoigl« zeigt den Weg

Ort:
Gemeinde im Landkreis Nürnberger Land. Ohne Ortsteile rund 3.000 Einwohner.

Geschichte:
Erste urkundliche Erwähnung 1269 als »*novum castrum*«. Anfang des 14. Jahrhunderts wird Burg Neuhaus, Veldenstein genannt, Eigentum der Bamberger Bischöfe. Mitte des 16. Jahrhunderts erhält Neuhaus Marktrechte. Ab 1805 der Oberpfalz einverleibt, ist Neuhaus seit der Gebietsreform von 1972 wieder mittelfränkisch.

Sehenswürdigkeiten:
Burg Veldenstein. Pfarrkirche St. Peter und Paul. 3 Kommunwirtschaften mit selbst gebrautem Bier.

Dauer des Rundgangs:
Aufenthalt in Neuhaus je nach Aufenthalt in Burg Veldenstein 1–3 Std. Bei einem Ausflug nach Velden nochmals die gleiche Zeit.

Anfahrt:
ÖPNV: Mit der Bahn (R 3) nach Neuhaus. Vom Bahnhof rechts über die Bahnhofstraße ins Ortszentrum. Kfz: Auf der A 9 bis Ausfahrt Plech, dann über die Ortschaften Plech und Höfen nach Neuhaus zum Bahnhof. Hier Parkplätze.

Die erste urkundliche Erwähnung eines »*novum castrum*« bezog sich auf die bereits um das Jahr 1000 existierende Burg, die dann aber mit dem Namen Veldenstein belegt wurde, sodass das »neue Haus« zu Neuhaus, zur Bezeichnung der Besiedlung unterhalb der Burg wurde.

Bierstadt Neuhaus

Wird Neuhaus einerseits historisch durch die gewaltige Veldensteiner Burganlage bestimmt, so andererseits durch die rege

Brautätigkeit seiner Einwohner. Denn gebraut wird der begehrte Gerstensaft nicht nur im *Kaiser Bräu,* der größten Brauerei im Landkreis, sondern zurzeit immer auch noch von drei Kommunbrauern. Die sogenannten »Kommuner« brauen ihren Sud in einem gemeinsamen Brauhaus. Die produzierte Menge wird aufgeteilt, und jeweils einer von ihnen schenkt sein Bier in seinen Privaträumen bzw. in einem angebauten Gastraum aus. Außerdem wird eine bodenständige fränkische Küche – z. B. Schweinebraten mit Kloß, Bratwürste oder Presssack – angeboten. Ist die zugeteilte Biermenge aufgebraucht, macht der Nächste weiter. Zur Kennzeichnung für Besucher, wer gerade mit dem Ausschank an der Reihe ist, hängt am Haus gut sichtbar der »Zoigl« oder »Zeugl«, ein dem Davidstern ähnliches Zeichen aus zwei aufeinanderliegenden Dreiecken.

Auf unserem Rundgang durch Neuhaus kommen wir auf jeden Fall an dem Kommunwirt vorbei, der den »Zoigl« gerade ausgehängt hat. Wir gehen also vom Bahnhof aus nach rechts die Bahnhofstraße entlang und biegen anschließend links in den Unteren Markt ab. Hier, bei den Hausnummern 17 und 3, könnte der »Zoigl« hängen, und hier in Nr. 9 ist auch das Verkehrsamt, in dem wir alles Wesentliche und Aktuelle über Neuhaus erfahren können. Weiter auf dem Unteren Markt bietet sich ein überwältigender Blick auf die imposante Burgkulisse.

Nun wieder ein paar Meter zurück und rechts über den Hafnersberg zum Oberen Markt. Ab und an stehen hier einige schöne alte Fachwerkhäuser. Die Kirchengasse bringt uns zu der sehenswerten Rokokokirche St. Peter und Paul. Die reiche Innenausstattung stammt aus der Werkstatt des Bamberger Bildhauers Mutschelle, die Deckenmalerei ist von Georg Schwendner. Ein echter Hingucker sind die um 1767 geschnitzten und bemalten Zunftstangen. Der Obere Markt mündet in die Burgstraße. In Nr. 4 wohnt der dritte Kommunbrauer. Von da ist es nicht mehr weit zur Burg, für deren Besichtigung man sich Zeit lassen sollte.

Die Geschichte der Burg Veldenstein

Die Ausmaße der Anlage sind gewaltig und erklären, warum die Burg über die Jahrhunderte immer wieder heiß umkämpft war und infolge mehrfacher Belagerung stark beschädigt wurde. Durch Blitzeinschlag in den Pulverturm am 2. April 1708

Die wunderschöne Rokokokirche St. Peter und Paul

kam es zu einer Explosion, die große Teile der Burg völlig zerstörte. 1897 erwarb der Stabsarzt von Epenstein, Gutsbesitzer aus Berlin, die Burgruine für 20.000 Mark und beauftragte den Nürnberger Architekten Göschel mit der Renovierung, die 16 Jahre in Anspruch nahm und eine Million Mark verschlang. Mauerwerk, Türme und Tore waren anschließend vorbildlich instand gesetzt. 1939 erbte Hermann Göring von Epensteins Witwe die Burg – Göring hatte als Jugendlicher etliche Jahre lang mit seinen Eltern im Herrenhaus der Burg gelebt. Anfang

Hoch über den Dächern von Neuhaus: Burg Veldenstein

der 1950er-Jahre entstanden Gerüchte, Göring habe hier Teile seines erheblichen Vermögens versteckt, sodass sich zahllose Schatzsucher auf den Weg machten – gefunden wurde außer einigen Getränkekisten und Tischleuchtern bis heute aber nichts.

Der äußere Mauerring umschließt ein weitläufiges Areal, in der Mitte das ehemalige Herrenhaus, das zu einer stattlichen Gaststätte mit Hotelbetrieb umgebaut wurde. Ein Teil der Wehrgänge ist begehbar, ebenso der Bergfried. Die rund 100 Stufen bis zur Turmspitze sind zwar anstrengend, ermöglichen aber einen fantastischen Ausblick auf Neuhaus und die umliegenden Wälder und Anhöhen. Auf dem Spielplatz im Burghof können sich Kinder bei einem längeren Aufenthalt richtig austoben.

Auf nach Velden

Besuchern in Neuhaus wird häufig eine Wanderung zu der 5 1/2 Kilometer entfernten Maximiliansgrotte empfohlen. Ich schlage als Alternative einen Spaziergang in das Städtchen Velden vor, zumal es von der Burg Veldenstein aus nur 3 1/2 Kilometer sind, die man in einer knappen Stunde mühelos geschafft hat. Auf der Burgstraße einfach der Markierung Blaukreuz folgen, vorbei an gepflegten Gärten, dann durch schattige Wälder und über eine begrünte Hochebene, auf der man die herbe Schönheit der Fränkischen Schweiz in vollen Zügen genießen kann.

Wir erreichen Velden über das Scheunenviertel, im Mittelalter wegen der stets drohenden Feuergefahr außerhalb der Altstadt angelegt. Velden tritt urkundlich erstmals 889 in Erscheinung und ist eine der ältesten Städte in Franken überhaupt. Kaiser Karl IV. hatte 1376 die Markt- und Stadtrechte verliehen, und 300 Jahre lang, exakt bis 1806, gehörte die Stadt zu Nürnberg. Das vom Nürnberger Pfleger bewohnte Schloss ist erhalten geblieben und leicht zu finden. Vom Marktplatz rechts die Mühltorstraße zum Mühltor schlendern, das Schloss liegt linker Hand unmittelbar vor dem Tor.

Wie anmutig das ins Pegnitztal eingebettete Velden ist, wird ersichtlich, wenn man hinter dem Mühltor links bis zum Pegnitzufer weitergeht. Der Fluss hat sich hier im Laufe von Millionen Jahren einen Durchbruch erzwungen. Das Panorama mit Blick auf die steil aufragenden Felswände, auf Mühle und Schloss ist einfach überwältigend.

Vielfältige Einkehrmöglichkeiten bestehen in der Mühltorstraße. Der Weg zum Bahnhof führt über die Bahnhofstraße,

Die Pegnitz in Velden, links die alte Mühle, rechts das ehemaliges Pflegerschloss

Ausgangspunkt ist der Marktplatz. Wer noch Zeit hat, wirft rasch einen Blick in die evangelisch-lutherische Pfarrkirche St. Maria. Sehenswert vor allem die wertvollen Altäre, besonders der Hochaltar mit der Madonna im Strahlenkranz. Hinter der Kirche Reste der alten 5 1/2 Meter hohen Stadtmauer.

Die Regionalbahn fährt im Stundentakt, auch an Wochenenden. Während die Benutzer öffentlicher Verkehrsmittel sofort die Rückfahrt antreten können, nehmen Autofahrer den Zug zurück nach Neuhaus zum dort geparkten Auto.

Informationen:

Verkehrsamt Neuhaus a. d. Pegnitz, 91284 Neuhaus, Unterer Markt 9, Tel. 0 91 56/92 91 10, www.neuhaus-pegnitz.de

Tourist-Büro Velden, Marktplatz 11, 91235 Velden, Tel. 0 91 52/7 19 50, www.velden.de

Einkehrtipps:

Hotel Burg Veldenstein, Burgstr. 12, 91284 Neuhaus, Tel. 0 91 56/6 33. Tägl. durchgehend 11.30–21.00, www.burghotel-veldenstein.de

Kommunbrauerei Paul Benaburger, Unterer Markt 17, Tel. 0 91 56/16 76. Bei Zoigl ab 10.00 durchgehend geöffnet.

Kommunwirtschaft Paul Reindl, Unterer Markt 3, Tel. 0 91 56/14 25. Bei Zoigl ab 10.00 durchgehend geöffnet.

Kommunwirtschaft der Eheleute Döth, Burgstr. 4, Tel. 0 91 56/10 56. Bei Zoigl ab 10.00 durchgehend geöffnet.

Gasthof Pension zur Traube, Mühltorstr. 2, 91235 Velden, Tel. 0 91 52/72 04. Geöffnet Fr–Di 11.00–22.00, Mi und Do Ruhetag, www.gasthof-bammler.de

Extras:

Veldensteiner Festival mit Rockmusik, Mittelaltermarkt und Feuershow an einem Sa Ende Jul. Näheres unter Tel. 0 91 56/92 91 10.

Neunkirchen am Brand 8

Geprägt vom Augustiner Chorherrenstift

Der Ort:
Gemeinde im Landkreis Forchheim. Ohne die eingemeindeten Ortsteile Baad, Ebersbach, Ermreuth, Großenbuch, Rödlas und Rosenbach knapp 6.000 Einwohner.

Geschichte:
Erste gesicherte urkundliche Erwähnung 1002. Ab dem 13. Jahrhundert dem Bistum Bamberg unterstellt. Marktrecht 1410.

Sehenswürdigkeiten:
Gotische St. Michaels Kirche. Felix-Müller-Museum. Heimatmuseum. 3 gut erhaltene Stadttore. Etliche schmucke Fachwerkhäuser.

Dauer des Rundgangs:
Ohne Museumsbesuch und Einkehr etwa 2 Std.

Anfahrt:
ÖPNV: Mit dem Zug (R 2) oder der S-Bahn (S 1) bis Erlangen, anschließend mit Bus 209 nach Neunkirchen, Haltestelle Busbahnhof. Oder mit der Gräfenbergbahn (R 21) nach Eschenau, von da weiter ebenfalls mit Bus 209. Kfz: Auf der B 2 bis Eschenau, von da über Brand und Kleinsendelbach in die Ortsmitte zum Busbahnhof. Hier ausreichend Parkplätze.

Es begann mit Brandrodungen

Wann exakt »*Newenkirchen auf dem prante*«, wie Neunkirchen am Brand auf einer alten Urkunde bezeichnet wird, entstand, liegt im Dunkeln. Historiker gehen davon aus, dass es erheblich vor der ersten urkundlichen Erwähnung 1002 gewesen sein muss und dass die Formulierung »auf dem prante« auf Brandrodungen in früher Zeit hinweist. Mit der Einverleibung der Siedlung in das Bamberger Bistum und der damit verbundenen Gründung des Augustiner Chorherrenstifts

Anfang des 14. Jahrhunderts wurde der Ort bald zu einem wichtigen religiösen und kulturellen Zentrum. Bis nach Passau und Brixen reichten die Beziehungen des Stifts, und seine Pröbste reisten wie selbstverständlich zu den Konzilien in Basel und Konstanz.

Da Neunkirchen an der Handelsstraße Bamberg–Oberpfalz lag, entwickelte sich der Ort zu einem lukrativen Warenumschlagsplatz und erhielt 1410 das Marktrecht. Obwohl später auch die Erlaubnis zum Bau einer Befestigungsanlage mit Wehrtürmen, Graben und Toren erteilt wurde, blieben Neunkirchen die ersehnten Stadtrechte versagt. Teile des Mauerwerks sind trotz der zahlreichen Brandschatzungen in den nachfolgenden Jahrhunderten erhalten, und auch von der kulturellen Vergangenheit hat einiges Kriege und Verwüstungen überstanden, sodass ein Rundgang viel Interessantes verspricht.

Das Augustiner Chorherrenstift

Neunkirchens Mittelpunkt ist nach wie vor die Pfarrkirche St. Michael, und deshalb liegt es nahe, den Rundgang hier zu beginnen. Von der Haltestelle am Busbahnhof durch die Passage am Kiosk und dann immer geradeaus, vorbei am ehema-

Gebäude der ehemaligen Klosterschule, jetzt Sitz des neuen Rathauses

Das Rathaus mit dem neugestalteten Platz und dem Haus Augustinus

ligen Zehntspeicher der Augustiner Chorherren, in dem jetzt das Felix-Müller-Museum untergebracht ist. Vorläufer des eindrucksvollen gotischen Sakralbaus war eine Saalkirche aus dem 12. Jahrhundert, die *»newe kirch«*, zu deren Entstehung, wie bereits erwähnt, der damals noch weithin bestehende Urwald gerodet werden musste. Die Umgestaltung der Pfarrei in das Chorherrenstift erfolgte im Jahr 1314. Haupt- und Seitenschiff von St. Michael sind mit Altären, Wandgemälden und Figuren von Heiligen und Königen üppig ausgestattet, wobei sich barocker Prunk und gotische Strenge die Waage halten. Die hintere Chorwand wird von einem opulenten Hochaltar beherrscht, davor zwei Seitenaltäre und das aus Nadelholz gefertigte Chorgestühl. Unterhalb der Orgelempore die Gründer des Bamberger Bistums, Kaiserpaar Heinrich II. und Kunigunde. An der südlichen Langhauswand das mächtige um 1520 entstandene Christophorus-Gemälde eines unbekannten Meisters. Der angrenzende Kreuzgang wurde als moderne, lichtdurchflutete Halle neu gestaltet.

Wir verlassen die Kirche und gehen auf dem Kirchplatz zur Katharinenkapelle aus dem 15. Jahrhundert, die neuerdings ausschließlich für kulturelle Veranstaltungen genutzt wird. Die bronzene Eingangstür mit dem Bildnis der Heiligen Katharina ist ein Werk des bedeutenden Bildhauers und Malers Felix Müller, der von 1948 bis zu seinem Tod 1997 in Neunkirchen gelebt hat und von dem weitere Kunstwerke im Ort zu sehen sind, so auch der farbig gefasste Lebensbaum aus Kambalaholz an der Rückseite des alten Rathauses, eines schönen barocken Sandsteinbaus gegenüber von St. Michael. Jetzt vom Kirchplatz zum Inneren Markt gehen und links in die Erlanger Straße einbiegen. Hier folgt rechter Hand die ehemalige Klosterschule, erbaut 1615, in der das neue Rathaus untergebracht ist. Auf der anderen Straßenseite, an der Stelle der einstigen Probstei, das von Balthasar Neumann entworfene und inzwischen als Wohnhaus genutzte Amtshaus. Klosterhof und Klosterschule bilden ein imposantes Ensemble und lassen erahnen, wie dominant das Chorherrenstift einst gewesen sein muss.

Ein Trip durch die Jahrhunderte

Nun weiter auf der Erlanger Straße bis zum 1479 erbauten Erlanger Tor. Rechts davon das aus dem 16. Jahrhundert stammende Schäferhaus, dereinst Domizil des Gemeindeschäfers. Nicht nur Bahnfreaks bummeln anschließend auf der Bahnhofstraße links zum ehemaligen Bahnhofsgebäude. Hier machte von 1886 bis 1963 die »Seku«, die Sekundärbahn, von Erlangen kommend auf ihrer Fahrt nach Eschenau Station. Inzwischen ist in dem Gebäude ein Heimatmuseum eingerichtet. Mit einer Fülle von Exponaten, u. a. mit einer komplett erhaltenen Schusterwerkstatt und einem »Herrgottswinkel«, wird verdeutlicht, wie die Menschen in Neunkirchen früher gelebt haben.

Zurück zur Erlanger Straße und unmittelbar hinter dem Erlanger Tor links in den schmalen Fußweg einbiegen. Über ein paar Treppen gelangt man zum Brandbachgarten, einer unbebauten Fläche mit Wiesen, Kinderspielplatz und Brunnen. Rechts Überbleibsel der alten Befestigungsanlage. Nach Überquerung der Brandbach-Brücke weiter geradeaus zum Erleinhofer Tor, errichtet 1502, und danach weiter zum Forchheimer Tor, das noch 20 Jahre älter ist. Hier erneut Reste der ehemaligen Schutzmauer.

Im Neunkirchener Ortskern stehen etliche stattliche Fachwerkhäuser. Das sicherlich sehenswerteste liegt allerdings im Ortsteil Baad. Deshalb vor dem Forchheimer Tor in die Hetzleser Straße abbiegen und auf dem Fußweg den einen Kilometer bis Baad laufen. Das 1826 erbaute und sorgfältig restaurierte Bauernhaus lohnt den kurzen Abstecher wirklich.

Wieder am Forchheimer Tor geht's anschließend durch den Äußeren Markt ins Ortszentrum. Die Nepomuk-Figur aus Betonguss an der Mühlbach-Brücke ist ebenfalls ein Werk von Felix Müller. Wer jetzt noch gut in Form ist, geht durch den Inneren Markt weiter in Richtung Großenbucher Straße und kommt zur Grabkapelle. Die 200 Jahre alte Königslinde davor wurde 1806 anlässlich der Einverleibung Neunkirchens in das Wittelsbacher Imperium gepflanzt. Danach aber ist es höchste Zeit einzukehren. In Frage käme da z. B. *Polsters Klosterhof*, Innerer Markt 2.

Zu Gast bei Felix Müller

Besucher sollten mindestens eine Stunde für das Felix-Müller-Museum im Obergeschoss des Zehntspeichers einplanen. Der Bildhauer und Maler gilt als einer der bedeutendsten Künstler des 20. Jahrhunderts. Viele seiner wichtigsten Werke – Madonnen, Kruzifixe, Aquarelle, Gemälde und Skizzen – sind hier zu sehen. Zu berücksichtigen wäre jedoch, dass das Museum

Das Erlanger Tor, eines der drei Tore von Neunkirchen

nur sonntags geöffnet hat und dass deshalb ein Ausflug nach Neunkirchen am besten an einem Sonntag unternommen werden sollte, zumal auch das Heimatmuseum nur an Sonntagen seine Pforten öffnet.

Informationen:

Gemeinde Neunkirchen am Brand, Klosterhof 2–4, 91077 Neunkirchen, Tel. 0 91 34/7 05 13, www.neunkirchen-am-brand.de

Felix-Müller-Museum, Anton-von-Rotenhan-Str. 2, Tel. 0 91 34/90 80 42 oder 0 91 34/18 37, geöffnet So 15.00–17.00 und für Gruppen nach Vereinbarung. Eintritt Erw. 2 €, Kinder und Jugendliche die Hälfte.

Heimatmuseum Neunkirchen, Bahnhofstr. 10, Tel. 0 91 34/97 92. Geöffnet jeden 1. So im Monat 13.00–17.00 oder nach vorheriger Anmeldung.

Einkehrtipp:

Polsters Klosterhof, Innerer Markt 7, Tel. 0 91 34/7 07 30 16. Geöffnet Di–So 11.30–14.00 und 17.30–21.00, bzw. 22.00 im Sommer, Mo Ruhetag, www.polsters-klosterhof.de

Extras:

Jeden 1. und 3. Fr im Monat Bauernmarkt 14.00–18.00 vor dem Zehntspeicher.

Neustadt an der Aisch
Eine Domäne der Hohenzollern

Ort:
Mittelfränkische Kreisstadt, ohne eingemeindete Ortsteile ca. 10.000 Einwohner.

Geschichte:
Erstmals urkundlich erwähnt wird 741 der Königshof Riedfeld, der Ursprung Neustadts. Die Stadt selbst tritt urkundlich erstmals 1285 als »Nivenstadt« in Erscheinung. Bis 1791 bestimmt das Geschlecht der Burggrafen von Nürnberg die Geschicke der Stadt. Danach wird man preußisch, untersteht anschließend 4 Jahre lang einer französischen Militärregierung und kommt 1810 zu Bayern.

Sehenswürdigkeiten:
Mittelalterliche Stadtmauer mit 6 Türmen und dem Nürnberger Tor. Barockes Rathaus. Altes Schloss mit 2 Museen. Neustädter Unterwelt. Mehrere idyllische Parkanlagen in der Innenstadt. Eine Vielzahl schöner alter Fachwerkhäuser.

Dauer des Rundgangs:
Ohne Einkehr und Museumsbesuch gut 2 Std.

Anfahrt:
ÖPNV: Mit dem Zug (R 1) zum Bahnhof von Neustadt, anschließend zu Fuß in die Innenstadt. Kfz: Auf der B 8 zum Parkplatz am Bahnhof oder in der Bahnhofstraße.

Ausgehend von den Nürnberger Burggrafen ist Neustadt über sechs Jahrhunderte von den Hohenzollern beherrscht worden, und die günstige geografische Lage der Stadt im Schnittpunkt der Verbindungswege nach Nürnberg, Würzburg, Ansbach, Rothenburg, Erlangen und Bamberg hat das ihre dazu beigetragen, dass hier im Aischgrund frühzeitig Wohlstand und eine kulturelle Blüte entstehen konnten. Manches hat die Zeitläufe überlebt, vieles ist verloren gegangen, aber ein zweistündiger Rundgang lohnt sich in jedem Fall.

Vom Neustädter Bahnhof gehen wir rechts die leicht abschüssige Straße hinunter und kommen zur B 470. Auf dem Fußweg rechts halten und nach etwa 200 Metern wieder rechts durch die Bahnunterführung auf der Bahnhofstraße zum Plärrer. Autofahrer finden hier leicht einen Parkplatz. Den Plärrer überqueren und weiter auf der Wilhelmstraße, Neustadts Geschäftsmeile mit Läden und Boutiquen in fast jedem Haus, und schon sind wir auf dem Marktplatz, Mittelpunkt und Drehscheibe der Stadt.

Das Neustädter Rathaus mit dem Geißbock-Türmchen

Die Geißbock-Sage

Beherrscht wird der Platz von dem Anfang des 18. Jahrhunderts errichteten barocken dreigeschossigen Rathaus. In dem Türmchen auf dem Walmdach ist ein Geißbock zu erkennen, der alltäglich um zwölf lautstark zu meckern beginnt. Ihm ist, einer Legende zufolge, die Rettung der Stadt anlässlich einer Belagerung durch bayerische Truppen im Jahr 1460 zu verdanken. Demnach soll ein Schneider im Gewand eines Geißbocks auf der Stadtmauer spazieren gegangen sein, sodass die Belagerer, in den Glauben versetzt, die Stadt habe noch genügend Nahrungsmittel, ihr Vorhaben einstellten. Rund um den Marktplatz stattliche Fachwerkhäuser, Gasthöfe und Cafés, in der Mitte ein Neptunbrunnen.

Nun geht's die Bamberger Straße entlang. Schon bald linker Hand eine Grünzone mit Bänken, dahinter, auf den Grundmauern des ehemaligen Neuen Schlosses, das große Grundschulgebäude. Am rechten Eck zur Gartenstraße liegt das Amtsgericht, das Mitte des 19. Jahrhunderts im Stil der Florentiner Renaissance als Gefängnis erbaut wurde. Wir gehen ein paar Meter zurück und am Gasthaus *Zum Goldenen Engel* die Hintere Kellergasse hinauf. Nach einigen efeuumrankten Häusern stehen wir am Haus Nr. 15 vor den Resten der ehemaligen Hohenzollerischen Burg von 1285, die später als markgräflicher Keller und Jagdzeughaus genutzt wurde. Gleich darauf rechts erneut ein stattliches zweigeschossiges Fachwerkhaus mit hohem Giebel.

Neustadts Kellerwelt

Bei Erreichen der Nürnberger Straße links halten. Am Max-Döllner-Platz ist das vielleicht schönste Bürgerhaus der Stadt, ein nach dem Dreißigjährigen Krieg von dem Büttner Lindelbacher errichteter, dreigeschossiger Fachwerkbau, gegenüber *Gasthaus Zur Sonne*, eines der ältesten Wirtshäuser im Aisch-grund. Die Nürnberger Straße führt geradewegs zum Nürnberger Tor. Wir nehmen jedoch einen kurzen Umweg und biegen links in die Gasse Bei der Freiung ein. Die Häuser sind hier in die alte Stadtmauer integriert, zudem existieren etliche Abgänge in zweigeschossige Keller, in denen die Bewohner ihre Wein- und Biervorräte einlagerten. An der Ecke zur

Nürnberger Straße, Haus Nr. 35, im Kastenboden, ist neuerdings als besonderer Höhepunkt eine Besichtigung der »Neustädter Unterwelt« nach Anmeldung beim städtischen Tourismusbüro möglich.

Das Nürnberger Tor, entstanden im 14. Jahrhundert, ist das Wahrzeichen der Stadt und als einziges von ehemals vier Toren erhalten geblieben. Ein paar Schritte weiter, im *Gasthof Schützengarten*, kommt an einem warmen Sommertag vielleicht eine kurze Rast im Biergarten unter einer schattigen Kastanie in Betracht.

Von Turm zu Turm

Über die Straße An der Bastei gelangen wir zum Äußeren Stadtmauerring. Auch hier sind einige Häuser in die alte Stadtmauer eingebaut und bilden mit den davor angelegten Gärten ein Bilderbuch-Panorama. Auf den Säuturm folgt der Flurersturm. Beim Vögeleinsturm werden wir über die Geißbock-Sage informiert und verlassen den Äußeren Stadtmauerring. Es lohnt sich, an der inneren Stadtmauer ein paar Meter bis zum Flurersturm hinaufzulaufen, den rekonstruierten Wehrgang zu begutachten und dann erst den Rundgang auf dem Unteren Stadtmauerweg fortzusetzen.

Bevor wir die Wilhelmstraße erreichen, passieren wir den Hirtenturm. Am Plärrer ein kurzer Abstecher zum Kriegerdenkmal für die Gefallenen der Kriege 1866 und 1870/1871. Zur neugotischen Kirche St. Johannis Enthauptung in der Ansbacher Straße wäre es zwar nur ein Katzensprung, doch schlage ich vor, darauf zu verzichten und gleich auf der Wilhelmstraße neben Haus Nr. 34 in das schmale Gässchen einzubiegen. Die alte Stadtmauer ist hier besonders gut erhalten. Nach Schauflersturm und Pulverturm kommen wir zum Bleichweiher und zur ehemaligen Städtischen Warmbadeanstalt, dahinter ein etwas schief geratener Rundturm. Der Mauerdurchbruch, das Bleichtürlein, erfolgte im 19. Jahrhundert, um den Neustädter Frauen den Zugang zum Wäschebleichen zu erleichtern. Wir folgen der rechtwinklig abbiegenden Stadtmauer, überqueren am *Allee Hotel* die Würzburger Straße und kommen zur Jean-Paul-Allee. Der bedeutende fränkische Dichter war 1793 in Neustadt und hatte sich heiß und innig in die Tochter eines hohen Beamten verliebt. Ihm zu Ehren wurde

Wo vormals Kurfürsten wohnten, befindet sich nun das Aischgründer Karpfenmuseum

2003 auf Anregung des Schriftstellers Godehard Schramm ein Leseweg angelegt, auf dem an die 20 Aphorismen Jean Pauls auf kleinen Tafeln nachgelesen werden können. Eine unweit davon aufgestellte Dampflok erinnert an den 1978 eingestellten Zugverkehr auf der romantischen Aischtalstrecke.

Neustadts Schlösser

Nun sind wir am Alten Schloss und betreten über einen Mauerdurchgang den Innenhof. Uns erwartet ein kleiner Apothekergarten mit der Statue der Markgräfin Anna. Sie war die Ehefrau von Kurfürst Albrecht Achilles, der das ehemalige Wasserschloss 1430 erbauen ließ. Viel geblieben ist von der prunkvollen Residenz nicht, aber immerhin reichen die Räumlichkeiten aus für die KinderSpielWelten im Torhaus sowie für das erst vor Kurzem eingerichtete und in seiner Art einmalige Aischgründer Karpfenmuseum. Eine Kaffeepause bietet sich im *Schlosscafé* an.

Unmittelbar neben dem Alten Schloss entstand zwischen 1575 und 1626 das Neue Schloss. Es brannte 1906 vollständig aus, nur der achteckige Turm mit dem Sandsteinwappen überstand die Katastrophe. Neun Jahre später wurde das Gebäude wieder aufgebaut, und zwar zu einem zentralen Schulhaus. Der sich anschließende Schlossplatz wird rechts von dem imposanten Dekanatsgebäude beherrscht, das nach seinem Initiator Dekan Lerche als »Lerchennest« bezeichnet wird.

Berühmte Söhne der Stadt

Nun sind es nur noch ein paar Schritte bis zur Stadtpfarrkiche St. Johannes der Täufer, eine spätgotische dreischiffige Säulenbasilika. Als wertvollstes Kunstwerk gilt der spätgotische Schnitzaltar eines niederländischen Meisters mit über 50 Figuren. Neben der Kirche der Kärnter aus der Zeit um 1400 befindet sich ein Kampfhaus, in das man sich in Kriegszeiten zurückzog und in dessen Untergeschoss die Gebeine Verstorbener aufbewahrt werden konnten, wenn auf dem Friedhof nicht genügend Platz war. Später wurde das Obergeschoss als »Mägdleinschule« genutzt. Rechts davon die ehemalige Lateinschule. Hier war der aus dem Fichtelgebirge stammende Afrikaforscher Peter Kolb acht Jahre lang Direktor und schrieb in dieser Zeit ein weithin anerkanntes Werk über das Kap der Guten Hoffnung.

Über die Untere Schlossgasse, auf der Rückseite der Lateinschule, steuern wir nun auf den Peter-Kolb-Platz zu. Gleich vorn unübersehbar die Statue von Adolph Scherzer, Sohn eines städtischen Türmers, der den bayerischen Defiliermarsch kom-

Die NeuStadtHalle am Schloss

poniert hat. Rechter Hand die ehemalige Fürstenschule, in der Mitte des Platzes der Luitpold-Brunnen.

Zum Abschluss des Rundgangs auf der Würzburger Straße wieder zum Marktplatz, wo es nicht schwer fallen sollte, eine günstige Einkehrmöglichkeit zu finden.

Informationen:

Tourist-Info, Marktplatz 5, 91413 Neustadt a. d. Aisch, Tel. 0 91 61/6 66 14, www.stadt-neustadt-aisch.de

Aischgründer Karpfenmuseum und Museum KinderSpielWelten im Alten Schloss, Untere Schlossgasse 8. Jeweils geöffnet Sa 10.30–13.00, So 14.00–17.00 und Di 19.00–21.00 oder nach Vereinbarung, Tel. 0 91 61/6 66 14.

Einkehrtipps:

Gasthof Schützengarten, Nürnberger Str. 28, Tel. 0 91 61/88 28 83. Tägl. ab 9.00 durchgehend geöffnet, kein Ruhetag.

Gasthaus Zur Sonne, Nürnberger Str. 18, Tel. 0 91 61/24 88. Geöffnet Mi–Sa ab 17.00, So 11.00–14.00.

Hausbrauerei Kohlenmühle, Bamberger Str. 53, Tel. 0 91 61/66 22 70. Geöffnet Di–Fr 11.00–23.00, Sa 11.00–24.00, So 10.00–23.00, www.kohlenmuehle.de

Extras:

Jeden Sa Bauernmarkt am Marktplatz.
Neustädter Kerwa 2 Wochen nach Pfingsten.
Deutsch-italienisches Weinfest Mitte Jul.
Weinfest am 2. Wochenende im Aug.

10 Schnaittach
Im Schatten der Festung Rothenberg

Ort:
Staatlich anerkannter Erholungsort im Landkreis Nürnberger Land, ohne Ortsteile rund 5.000 Einwohner.

Geschichte:
Erste urkundliche Erwähnung 1011. Von Kaiser Heinrich II. dem Bistum Bamberg geschenkt, bald darauf dem Bamberger Stift St. Stefan übereignet. Später ist die Entwicklung Schnaittachs aufs Engste mit den Herren auf der Festung Rothenberg verknüpft.

Sehenswürdigkeiten:
Marktplatz mit Rathaus. 3 jüdische Friedhöfe. Heimatmuseum und Jüdisches Museum. Gotische Kirche. Kalvarienberg mit Passionsweg. Festung Rothenberg.

Dauer des Rundgangs:
Mit Aufstieg zum Rothenberg rund 3 Std.

Anfahrt:
ÖPNV: Vom Nürnberger Hauptbahnhof mit der Regionalbahn (R 31) zum Schnaittacher Bahnhof.
Kfz: Auf der A 9 bis Ausfahrt 48 (Schnaittach) und anschließend zum Bahnhof. Hier günstige Parkmöglichkeiten.

Der Rundgang beginnt am Schnaittacher Bahnhof, von hier auf der Bahnhofstraße ins Ortszentrum. Wir biegen nach gut 100 Metern rechts in die Museumsgasse ein und stehen kurz darauf vor der ehemaligen, 1570 erbauten Synagoge.

Jüdisches Museum und Heimatmuseum

Während Angehörige des jüdischen Glaubens über die Jahrhunderte in vielen deutschen Städten verfolgt und vertrieben

Jüdisches Museum in der Museumsgasse mit dem Heimatmuseum im Obergeschoß

wurden, blieben Juden in Schnaittach ab Ende des 15. Jahrhunderts relativ unbehelligt. Sie waren auch in kein Ghetto eingeengt, sondern lebten neben Christen im ganzen Ort verstreut, im Jahr 1761 waren es 63 jüdische Familien. Allerdings hatten die jüdischen Mitbürger erhebliche Sonderabgaben zu leisten. In der Pogromnacht im November 1938 blieb die Synagoge erhalten, da der Feuerwehrkommandant den Brand rechtzeitig löschen ließ. Jetzt ist im Untergeschoss des Gebäudes das Jüdische Museum Franken eingerichtet mit vielen Exponaten zur Geschichte und Kultur der Landjuden in Franken, speziell über das Leben der Juden im Gebiet des Rothenbergs.

Außerdem ist im Obergeschoss der Synagoge das Schnaittacher Heimatmuseum untergebracht. Zu sehen sind Zeugnisse aus dem Alltagsleben der Schnaittacher aus vergangenen Zeiten – z. B. Geschirr, Möbel und Utensilien der Handwerker. Auch die Ortsgeschichte ist anschaulich dokumentiert, insbesondere hinsichtlich des Umstandes, dass die Bevölkerung um den Rothenberg bis ins 20. Jahrhundert eine katholische Enklave im evangelischen Nürnberger Land war. Geöffnet sind beide Museen nur an Wochenenden.

Nun die Museumsgasse ein paar Meter weiter und dann über die Birkensteingasse links und gleich darauf rechts zur Festungsstraße, und schon steuern wir auf das nächste Objekt des Rundgangs zu, die Pfarrkirche St. Kunigund. Der mächtige gotische Kirchturm mit Sonnenuhr, mit Pfälzer Löwen und bayerischen Rauten entstand gegen Ende des 15. Jahrhunderts, während das Kirchenschiff ein Produkt der Neuzeit mit barocker Ausstattung ist. Unterhalb der Orgel zwei Statuen, Kaiser Heinrich II. und seine Gemahlin, die Heilige Kunigunde. Die Herren auf Rothenburg hatten 1529 zwar die Reformation eingeführt, doch auf Druck der bayerischen Kurfürsten wurde Schnaittach wieder katholisch mit der Folge, dass es bis 1816 keinen einzigen Protestanten in Schnaittach gab und auch 1837 erst wieder drei evangelische Familien.

Jüdische Friedhöfe und der Kalvarienberg

Von St. Kunigund aus bummeln wir jetzt zum Marktplatz. Es gibt da einige hübsche alte Giebelhäuser, aber offensichtlich sind die Zeiten, da Schnaittach zum Hauptort und kulturellen Mittelpunkt des Rothenberger Landes aufgestiegen war, endgültig vorüber, und die Industrialisierung hat kaum Spuren hinterlassen. Immerhin eindrucksvoll das 1892 im Neurenaissancestil erbaute neue Rathaus am Oberen Tor des Marktplatzes.

Wir passieren den Torbogen und biegen unmittelbar nach dem Gasthaus *Oberes Tor* rechts in den Fußweg ein, der uns zu den drei jüdischen Friedhöfen bringt. Rechter Hand auf ummauertem Gelände liegt der älteste Friedhof mit meist schiefen und abgesunkenen Grabsteinen, die Inschrift verwittert, der Sandstein zerbröselt. Gegenüber die beiden anderen jüdischen Friedhofe mit dem Hinweis, dass hier lediglich die Reste von geschändeten jüdischen Grabsteinen liegen, die während der Nazizeit für Bauzwecke missbraucht worden waren und 1997 hierher zurückgebracht wurden.

Anschließend geradeaus zum Oberen Krankenhausweg und damit zum Kalvarienberg. Auf dem höchsten Punkt des Bergrückens die Kirche Zum Heiligen Kreuz mit fünf Barockaltären, kostbaren Stuckaturen und Gemälden. Grandios von hier der

Blick zum Rothenberg mit der gleichnamigen Festung. Den zur Kalvarienbergkirche führenden Kreuzweg mit zwölf Stationen gehen wir jetzt hinunter und kommen zur Erlanger Straße. Rechts an der Abzweigung zur Badstraße das *Restaurant Tausendschön* mit dem Event-Theater.

Das Wichtigste fehlt freilich noch, die Besichtigung der Festung Rothenberg. Darum auf der Erlanger Straße vorbei an der 1892 erbauten evangelischen Christuskirche und über den Marktplatz zur Festungsstraße, auf der wir bis zur Schnaittachbrücke vorlaufen, dann links des Flüsschens Richtung Bahnhof. Wer mit dem Auto gekommen ist, fährt jetzt auf der Hersbrucker Straße bis zur Festungsstraße vor und dann rechts bis zum Parkplatz. Von hier auf markiertem Weg zur Festung sind es per pedes noch gut 20 Minuten. Der Aufstieg zu Fuß vom Bahnhof aus erfordert eine gewisse Kondition, denn der Rothenberg ist 564 Meter hoch, und für die 120 Höhenmeter, die überwunden werden müssen, benötigt man rund eine Stunde. Einfach die Hersbrucker Straße entlang und dem roten Andreaskreuz folgen.

Festung Rothenberg

Warum ist eine Besichtigung der alten Feste unverzichtbar? Sie gilt mit ihren gut erhaltenen Kasematten, den sternförmigen

Schnaittach und die Festung Rothenberg aus der Vogelperspektive

Faszinierender Anblick: Der Vollmond über der Festung Rothenberg

Bastionen und meterdicken Grundmauern als Europas größte Barockanlage. Errichtet wurde sie in den Jahren 1729 bis 1750 auf einer Vorgängerburg von Karl VII. Albrecht, Kurfürst von Bayern und ab 1742 Kaiser des Heiligen Römischen Reiches. Auf der Feste lebten bis zu 400 Soldaten mit ihren Familien. Im Grunde war die Festung eine eigenständige Stadt und infolge ihrer Höhenlage uneinnehmbar. Erst als mit der Eingliederung Frankens in das Königreich Bayern durch Napoleon Rothenberg als Grenzbefestigung überflüssig wurde und das Kriegsministerium später die Anlage mit dem Gesamtinventar verkaufte, begann der Verfall der Festung. Sie diente fortan als Steinbruch, sodass der oberirdische Teil der Festung heute zwar einer riesigen Ruine gleicht, aber immer noch mit seinen ungeheuren Ausmaßen eindrucksvoll belegt, welch hohes Niveau die Technik des Festungsbaus einst hatte. Die Kasematten sind unbeschädigt geblieben und können besichtigt werden.

Ab 1966 setzte sich die Bayerische Verwaltung der staatlichen Schlösser, Gärten und Seen für die Erhaltung der Festung ein, unterstützt vom Schnaittacher Heimatverein. Eine Begehung der Festung ist nur als Führung jeweils zur vollen Stunde möglich. Unterhalb der Festung wäre die Einkehr im *Berggasthof am Rothenberg* ein verlockender Abschluss.

Informationen:

Gemeindeverwaltung Schnaittach, Marktplatz 1, 91200 Schnaittach, Tel. 0 91 53/40 90, www.schnaittach.de

Jüdisches Museum, Museumsgasse 12–16, Tel. 0 91 53/40 91 21. Geöffnet Sa und So 11.00–17.00, auch Oster- und Pfingstmontag.

Heimatmuseum, ebenfalls Museumsgasse 12–16. Geöffnet Sa und So 11.00–17.00. Jeden 1. So im Monat Führungen.

Festung Rothenberg, zu besichtigen Apr–Okt jeweils zur vollen Stunde 10.00–18.00. Näheres unter www.schnaittach.de

Einkehrtipps:

Berggasthof am Rothenberg, Rothenberg 1, Tel. 0 91 53/84 80. Geöffnet 11.00–20.00, Do Ruhetag.

Gasthaus Oberes Tor, Erlanger Str. 6, Tel. 0 91 53/9 88 66. Fr–Di ab 9.00 durchgehend geöffnet.

Restaurant Tausendschön, Badstr. 4, Tel. 0 91 53/92 49 24. Geöffnet Do–Sa ab 17.00, www.restaurant-tausendschön.de

Extras:

Herbstmarkt jeden 2. So im Okt. Adventsmarkt am 2., 3. und 4. Adventssonntag 14.00–18.00. Ortsführungen und Vorträge das ganze Jahr über vom Museums- und Geschichtsverein Schnaittach e. V. Näheres unter Tel. 0 91 53/92 31 38, www.museumsverein-schnaittach.de

11 Uffenheim
Die »Perle im Gollachgau«

Ort:
Westmittelfränkisches Städtchen im Landkreis Neustadt a. d. Aisch-Bad Windsheim, ca. 6.000 Einwohner.

Geschichte:
Erste urkundliche Erwähnung 1103. Stadtrecht durch Kaiser Karl IV. 1349. Zunächst im Besitz der Edlen von Hohenlohe, 1378 verkauft an die Burggrafen von Nürnberg. Von 1792 bis 1806 preußisches Territorium, danach bayerisch.

Sehenswürdigkeiten:
Altehrwürdiges Schloss. Schöne alte Fachwerkhäuser. Stadtmauer mit Türmen und 2 Stadttoren. Heimatmuseum mit der ältesten Apotheke Deutschlands.

Dauer des Rundgangs:
Ohne Museumsbesuch und Einkehr ca. 2 Std.

Anfahrt:
ÖPNV: Mit dem Regionalexpress (R 7) oder mit der S-Bahn (S 4) bis Ansbach, anschließend mit der R 8 nach Uffenheim. Kfz: Auf der B 470 bis kurz vor Burgbernheim und dann auf der B 13 zum Bahnhof Uffenheim. Oder auf der A 7 bis Ausfahrt Langensteinach und von hier ebenfalls zum Uffenheimer Bahnhof. Dort ausreichend Parkplätze.

Geglückte Vergangenheitsbewältigung

Der Uffenheimer Bahnhof liegt etwas außerhalb der Innenstadt, die man über die lang gezogene Bahnhofstraße in knapp 15 Minuten erreicht. Schließlich, beim Überqueren der Ringstraße, mündet die Bahnhofstraße in die Luitpoldstraße. Rechter Hand an der Ecke Ring-/Luitpoldstraße stand die 1890 errichtete Synagoge, die 1939 zum Bau von Behelfsheimen abgebrochen worden war. Ein Mahnmal, geschaffen von einem Asylbewerber aus Aserbaidschan, und ein ausführlicher Text erinnern an das schwere Schicksal der Uffenheimer Juden während der Nazizeit. Hier erfährt man auch, dass ein erheblicher Teil der historischen Altstadt im April 1945 zerstört worden war, als gegen die anrückenden amerikanischen Truppen sinnloser Widerstand geleistet wurde. Inzwischen gilt Uffenheim wieder als die »Perle im Gollachgau«.

An der Stadtmauer in die historische Altstadt

Nun weiter auf der Luitpoldstraße und nach dem Kriegerdenkmal rechts auf den Treppen zu dem majestätisch aufragenden Bürgerturm, der einst als Verlies diente. Die Stadtmauer ist hier gut erhalten bzw. erneuert worden und zeugt von der Wehrhaftigkeit der Uffenheimer Bürger in vergangenen Zeiten. Kurz darauf sehen wir, hoch über die Stadtmauer hinausragend, den Turm der evangelisch-lutherischen Pfarrkirche und dahinter die Turmspitze des Würzburger Tores. Wir nutzen den Mauerdurchbruch und stehen vor St. Johannis. Die in den Jahren 1726–1731 im Markgrafenstil erbaute Kirche war 1945 völlig zerstört worden, ist jetzt aber wieder komplett restauriert, und man hat von hier einen erhebenden Überblick auf die tiefer liegende Altstadt.

Wir verlassen den Kirchplatz Richtung Würzburger Tor und stoßen auf das wohl schönste Haus in Uffenheim, den Scherenhof. Der opulente Bau entstand, wie eine Inschrift verrät, im Jahr 1571 und dürfte damit eines der ältesten gut erhaltenen Fachwerkhäuser Frankens sein. Der Turm des Würzburger Tores ist noch älter – seine Anfänge reichen ins 14. Jahrhundert zurück. Wir durchschreiten das Tor und biegen unmittelbar danach rechts in die Neue Gasse ein, kurz darauf links in den Heisenstein, ein bezauberndes Gässchen mit dekorativen Fachwerkhäuschen, umranktem Mauerwerk und Blumenschmuck – eine wahre Augenweide.

Schloss und Heimatmuseum

Über die Schlossstraße kommen wir nun zum Schlossplatz und damit zum Uffenheimer Schloss. Die ursprüngliche Wasserburg war einst Sitz des Hohenloher Geschlechts und Zeuge so manch geschichtsträchtiger Auseinandersetzung. 1632, während des Dreißigjährigen Krieges, logierte beispielsweise Schwedenkönig Gustaf Adolf in den Gemächern, die zu jener Zeit bereits in

Das Gollachgau-Museum besitzt viele Sammlungen

den Besitz der Ansbacher gekommen waren. Denn Gerlach von Hohenlohe hatte sich infolge seiner aufwendigen Hofhaltung veranlasst gesehen, Stadt und Schloss an den Nürnberger Burggrafen aus dem Geschlecht der Hohenzollern zu verhökern. Als die Hohenzollern dann Kurfürsten von Brandenburg-Preußen wurden, kam Uffenheim unter die Ansbacher Herrschaft. Zurzeit hat sich das Finanzamt des Schlosses bemächtigt.

Auf der anderen Seite des Schlossplatzes liegt das Gollachgau-Museum mit verschiedenen Sammlungen (fossile Pflanzen und Tiere, prähistorische Funde, alte Bibeln und Landkarten). Besonders sehenswert ist die Uffenheimer Apotheke, die älteste in Deutschland, mit einer Zusammenstellung von Arzneimitteln aus dem Jahr 1786.

Wir verlassen den Schlossplatz über den Mauerdurchbruch hinter dem Museum und biegen nach links auf den Amtsgartenweg ab, der das Mauerwerk vom Würzburger bis zum Ansbacher Turm umschließt. Gleich links, noch Teil des Museums, der Schnellerturm. Wir haben linker Hand einen schönen Blick auf die Innenstadt und Reste der Mauer, rechts auf den Hainbach, der zum Teil unterirdisch die Stadt durchfließt und in die Gollach mündet. Kurz vor Erreichen des Ansbacher Tores ist links der Folterturm zu entdecken, etwas später rechts das Zollhäuschen.

Vom Ansbacher Tor zum Rathaus

Das Ansbacher Tor entstand wie sein Pendant nördlich der Altstadt im 14. Jahrhundert. Wir gehen durch das Tor, dann ein Stück auf der Ansbacher Straße entlang und biegen anschließend rechts in die Friedrich-Ebert-Straße ein, die in weitem Bogen zum Spitalplatz und damit zur Spitalkirche führt, einer Stiftung des Gerlach von Hohenlohe aus dem Jahr 1360. Sehenswert sind Altar, Orgel, Taufstein und Kanzel. Schräg gegenüber der Kirche *Café Ritter*, eine Konditorei, die ihre Anfänge bis ins Jahr 1887 zurückführen kann und stets mit Kuchen, Gebäck und handgefertigten Pralinen vom Feinsten aufwartet.

Der Spitalplatz geht in den Marktplatz über und bringt uns zum Rathaus. Zuvor ein kurzer Abstecher in die Dekanatsgasse rechts. Haus Nr. 1 ist jetzt zwar renoviert, gilt aber, da im Kern bereits vor rund 700 Jahren existent, als das älteste Gebäude Uffenheims. Das Rathaus, so wie St. Johannis und viele andere Gebäude im April 1945 völlig zerstört, wurde nach dem Krieg in seiner ursprünglichen Form wieder aufgebaut. Hier ist auch die Touristen-Information untergebracht. Neben dem Rathaus der über 350 Jahre alte Markgrafenbrunnen mit den markgräflichen Initialen CWF (Carl Wilhelm Friedrich). An der Ecke zur

Der Marktplatz von Uffenheim mit vielen, wunderschönen Fachwerkhäusern

Schlossstraße links befindet sich der ehemalige *Gasthof Alte Post,* in dem auch hochrangige Persönlichkeiten wie der bayerische König Ludwig I. eingekehrt sein sollen.

Zum Abschluss verwöhnen lassen

Wer nun müde geworden ist und gepflegt einkehren möchte, dem empfehle ich den *Schwarzen Adler* in der Adelhofer Straße, unmittelbar hinter dem Würzburger Tor. In dem ehemaligen Brauereigasthof mit einem Gebäude aus dem Jahr 1634 hat die Wirtsfamilie Schellbach schon mehrfach bei dem Wettbewerb Bayerische Küche die Goldmedaille gewonnen und bietet fränkische Gerichte der Extraklasse.

Der schnellste Weg vom *Adler* zurück zum Bahnhof geht über die Ringstraße, auf der man nach zehn Minuten die Bahnhofstraße erreicht. Aber es wäre natürlich schöner, nochmals durch die historische Altstadt zu bummeln und das Augenmerk jetzt besonders auf architektonische Details zu richten, auf fantasievolle Dekorationen an Fassaden, auf kunstvoll gestaltete Portale, Erker und Fensterumrahmungen.

Und das könnte Historiker interessieren: Als der letzte Markgraf Uffenheims an seine Berliner Verwandten verkauft hatte und die Stadt nebst Umland an Preußen fiel, erprobte der Freiherr von Hardenberg seine legendären Reformen wie Ablösung der Grundherrschaft und Abbau der städtischen Zunftverfassung zugunsten gewerblicher Freiheiten zunächst hier.

Informationen:

Verkehrsamt Uffenheim, Marktplatz 16, 97215 Uffenheim, Tel. 0 98 42/2 07 21, www.uffenheim.de

Gollachgaumuseum Uffenheim, Schlossplatz 6. Geöffnet letzter So im Apr–2. So im Okt 13.30–16.00, www.gollachgaumuseum.de

Einkehrtipps:

***Gasthof Schwarzer Adler*, Adelhoferstr. 1, Tel. 0 98 42/9 88 00. Geöffnet So–Do 10.00–23.00, Sa 17.00-23.00, Fr Ruhetag, www.gastsein.de**

***Konditorei & Café & Pralinenmanufaktur Ritter*, Spitalplatz 10, Tel. 0 98 42/4 56. Geöffnet Mo–Fr 8.00–18.00, Sa 9.00–12.00, So 13.00–18.00, www.cafe-ritter.de**

Hersbruck

»Cittaslow« verspricht Lebensqualität

Ort:
Mittelfränkische Stadt an der Pegnitz im Landkreis Nürnberger Land. Etwa 12.500 Einwohner.

Geschichte:
Erste urkundliche Erwähnung 976 als »*Haderihesprucga*«. Ab 1011 zu Bamberg gehörig. 1297 Stadtrechte. Kommt im Spätmittelalter zum Herrschaftsgebiet der Herzöge von Bayern-Landshut und fällt 1504 an die Reichsstadt Nürnberg. 1806 wird Hersbruck bayerisch.

Sehenswürdigkeiten:
Stadtkirche St. Maria. Spitalkirche St. Elisabeth. Schloss und Rathaus. 3 Stadttore und ein Stück gut erhaltene Stadtmauer. Hirtenmuseum. Etliche schöne Fachwerkhäuser. Fackelmann Therme.

Dauer des Rundgangs:
Ohne Einkehr, aber mit Besuch des Hirtenmuseums, rund 3 Std.

Anfahrt:
ÖPNV: Mit dem Zug (R 3) zum Bahnhof rechts der Pegnitz. Kfz: Auf der A 9 bis Ausfahrt Lauf/Hersbruck (49), dann auf der B 14 über Reichenschwand zum Parkplatz am Bahnhof Hersbruck rechts der Pegnitz.

Hersbruck ist die erste deutsche Kommune, die sich der »Cittaslow«-Bewegung, entstanden 1999 in Italien, 2001 angeschlossen hat. Alles soll seitdem in der »Perle der Frankenalb« langsamer und umweltschonender ablaufen, es soll intensiver auf Gesundheit und Bildung geachtet werden, um die Lebensqualität der Einwohner zu erhöhen. So fahren jetzt beispielsweise alle Stadtbusse mit Erdgas, der Verein »Heimat auf'm Teller« vermarktet regionale Produkte, die Frankenalb Therme wird mit Hackschnitzeln beheizt, eine lebendige Kunstszene ist entstanden, jährlich werden bekannte Autoren zu Lesungen eingeladen. Ein Rundgang verspricht deshalb viel Interessantes.

Vom Nürnberger Tor zum Wassertor

Wir verlassen den Bahnhof nach links und steuern auf der Nürnberger Straße geradewegs auf das wuchtige Nürnberger Tor zu, das 1444 im Zuge der Stadtbefestigung errichtet worden war, und haben danach auch schon den Oberen Markt mit seinen stattlichen Bürgerhäusern erreicht. Sofort fällt der Blick auf das mächtige Rathaus, ein Neubau der Jahre 1948–1952, denn der Altbau war 1945 abgebrannt. Vor dem Rathaus ein barocker Brunnen, gekrönt von einem röhrenden Hirsch, dem Wappentier der Stadt. Wir gehen links am Rathaus vorbei und biegen in die Martin-Luther-Straße ab. Die frühere Wassergasse, so genannt, weil sie zur Pegnitz und dem Wassertor hinführt, ist die prächtigste Straße der Stadt. Etliche der Giebelhäuser sind mit Trockenböden und Aufzugsgauben ausgestattet, typisch für eine Stadt, die vordem Mittelpunkt eines blühenden Hopfenhandels war. Besonders schön die umlaufenden Holzgalerien von Haus Nr. 6 und die Rokokofassade von Haus Nr. 10. Eine Infotafel an Haus Nr. 13 verweist darauf, dass dies das Geburtshaus des Theologen Nikolaus Selneckers ist, des Verfassers zahlreicher Kirchenlieder und eines Mitarbeiters von Philipp Melanchthon. Bevor das Wassertor erreicht ist, kommen wir an der *Gaststätte Schwarzer Adler* sowie am *Restaurant Café Bauer* vorbei, zwei Einkehrmöglichkeiten, die vielleicht am Ende des Rundgangs genutzt werden. Kurz vor dem Wassertor links die Hirtengasse mit dem 1772 für den Stadthirten gebauten Hirtenhaus. Bei einem späteren Besuch im Hirtenmuseum werden wir erfahren, welche Bedeutung das Hirtenwesen nicht nur rings um Hersbruck einst hatte.

Schloss und Stadtkirche

Am malerischen Wassertor lohnt es sich, ein wenig zu verweilen. Der hier vorbeifließende Pegnitzarm wurde künstlich als Mühlbach für die Schlossmühle angelegt. Links neben dem Tor das Pflasterzollhaus von 1690, eine Augenweide. Wir gehen nach Passieren des Tores rechts auf dem Fußweg entlang der Pegnitz und genießen die Naturidylle sowie den Blick auf die sich abzeichnenden Konturen des Schlosses, das wir nach kurzem Aufstieg mühelos erreichen. Der monumentale Renaissancebau, eine Dreiflügelanlage mit Satteldach und zwei Achtecktürmen, war ursprünglich eine Burg zum Schutz der Pegnitzbrücke. 1360 ließ Kaiser Karl IV. die Anlage für seinen neuböhmischen Verwalter ausbauen, bis 1517 die Nürnberger, in deren Machtbereich Hersbruck von da an lag, mit dem endgültigen Neubau begannen. Es ist ein Werk des Nürnberger Baumeisters Jakob Wolff, der auch den Wolff'schen Bau am Nürnberger Rathaus geschaffen hat. Im ersten Stock des jetzigen Amtsgerichts können Reste der wertvollen Stuckdecke jederzeit begutachtet werden.

Der Schlossplatz wartet gleich mit mehreren sehenswerten Gebäuden auf. In der Mitte das 1747 errichtete Kastenamt, in dem früher die herrschaftlichen Einnahmen verwaltet wurden, rechts das ehemalige Stadtschreiberhaus und links das Schlossbräuhaus, in dem bis 1765 gebraut wurde und das bis 1809 als Salzstadel diente. Schlossplatz Nr. 9 war Pfründehaus, seit 1625 »Teutsche Mägleinschule«. Hier beginnt die Kirchgasse, die uns zum Nikolaus-Selnecker-Platz und damit zur evangelischen Pfarrkirche bringt. Ihr heutiges Aussehen erhielt die vormalige Kirche St. Maria im 15. und 18. Jahrhundert. Kostbarster Teil der Innenausstattung ist der spätgotische

Das Wassertor mit den umliegenden Fachwerkhäusern

Schreinaltar, das Werk eines unbekannten Künstlers aus dem Bamberger Raum. Sehr eindrucksvoll sind aber auch Kanzel, Herrschaftsemporen, Orgel und Deckengemälde.

Vom Hirtenmuseum zum Kunstmuseum

Jetzt anschließend auf der Kirchgasse zurück Richtung Rathaus. Dieses unscheinbare Gässchen war in der Vergangenheit eine wichtige Handelsstraße, und hier befinden sich einige der ältesten Häuser Hersbrucks. Das Älteste überhaupt ist die Nr. 8, ein schmuckes, gut erhaltenes Fachwerkhäuschen, erbaut 1539. Die Kirchgasse mündet in den Unteren Markt, wo wir erneut sehenswerte Gebäude kennenlernen: links das rote Haus mit Treppengiebel, das seit 1645 eine Apotheke beherbergt. Daneben das Geburtshaus von Johannes Scharrer, dem Begründer der ersten deutschen Eisenbahn, der Ludwigsbahn. Wir gehen dann weiter zum Oberen Markt, biegen rechts in das Eisenhüttlein ab und stehen sogleich vor dem Eingang zum Deutschen Hirtenmuseum. Neben einer heimatkundlichen Sammlung und Exponaten des heimischen Handwerks sind – und das ist einzigartig in Deutschland – Zeugnisse der Hirtenkultur rund um den Globus zu sehen, z. B. Hirtentrach-

Das majestätische Hersbrucker Schloss

Der malerische Innenhof des Hirtenmuseums

ten, Schellen und Schellenbögen, Musikinstrumente der Hirten, Hirtenpeitschen, Hirtenstöcke, die Bastelarbeiten der Hirten und natürlich wie Hirten und Schäfer lebten und mit ihren Tieren umgingen. Die Faszination, die von dieser Ausstellung ausgeht, ist enorm, auch für Kinder. Darum, wenn zeitlich irgendwie möglich, das Museum besuchen.

Wir setzen den Rundgang fort und stoßen auf den Mauerweg, so genannt wegen gut erhaltener Reste der alten Stadtmauer. Die Befestigung aus Bruchsteinen ist eineinhalb Meter dick und bis zu sechs Meter hoch. Auch drei Mauertürme haben überlebt, so der Gäns- oder Schwalbenturm, der Fraischturm – hier war früher das Gefängnis sowie im Obergeschoss die Henkerstube – und der Wildzirkelturm, gegenwärtig Sitz des Vereins Dokumentationsstätte KZ Hersbruck. Er geht den Geschehnissen nach, die sich während der Hitlerdiktatur im Hersbrucker Konzentrationslager abspielten, einem Außenlager vom KZ Flossenbürg. Kurz vor Erreichen des Spitaltores rechts das Slow-Food-Restaurant *Blaues Haus*. In der Spitalgasse werfen wir einen Blick auf das um 1400 von Johann Polster gestiftete Bürgerspital, das später in die Stadtmauer integriert wurde, sowie auf die Spitalkirche St. Elisabeth mit dem sehenswerten barocken Hochaltar und einem spätgotischen Flügelaltar von Nürnberger Meistern.

Wir gehen durch das Spitaltor und finden rechts das Hersbrucker Kunstmuseum mit zeitgenössischer Malerei und modernen Skulpturen. Links gegenüber führen Treppen in den Stadtgraben, der teilweise zu einem Skulpturengarten geworden ist. Alles in Ruhe anschauen, anschließend zur Mühlstraße vorlaufen und dann rechts bis zur Turngasse, über die wir zur Pragerstraße gelangen.

Die Goldene Straße

Die Pragerstraße war im 15. Jahrhundert in die Stadtbefestigung übernommen worden, sodass die Goldene Straße, der Handelsweg von Nürnberg nach Prag, nunmehr vom Nürnberger Tor zum Spitaltor führte. Eingelassene Straßenpflaster mit Abbildungen der Städte Prag und Nürnberg sowie Granitblöcke mit Hinweisen auf die damals transportierten Waren erinnern an die Bedeutung, die der Pragerstraße in jener Zeit zukam. Am Salzladen, dem ehemaligen Wohnhaus des Spitalpredigers, biegen wir links zur Martin-Luther-Straße ab, die wir ja bereits kennen.

Der Rundgang wäre damit eigentlich bis auf die verdiente Einkehr fast beendet. *Schwarzer Adler* oder *Café Bauer?* Als Rückweg dann auf der Martin-Luther-Straße zum Oberen Markt und von dort durch das Nürnberger Tor zur Bahnstation rechts der Pegnitz.

Wem der Rundgang nicht genügen sollte, dem schlage ich einen einstündigen Spaziergang über ein parkähnliches Gelände zur Fackelmann bzw. Frankenalb Therme vor. Vom Spitaltor aus auf der Amberger Straße bis zum Rondell, dann an der Pilsstube *Scharfes Eck* vorbei und auf dem markierten Radweg über den Obermühlweg zum Rosengarten und zur Badstraße, das Ganze vielleicht verbunden mit einem erfrischenden Badespaß in der Therme.

Informationen:
Bürgerbüro der Stadt Hersbruck, Unterer Markt 1, 91217 Hersbruck, Tel. 0 91 51/73 54 01, www.hersbruck.de

Deutsches Hirtenmuseum Hersbruck, Eisenhüttlein 7, Tel. 0 91 51/21 61. Geöffnet Di–So 10.00–12.00 und 14.00–16.00.
Kunstmuseum Hersbruck, Amberger Str. 2, Tel. 0 91 51/86 25 75. Geöffnet Di–Sa 10.00–18.00, So 14.00–16.00. www.kunstmuseum-hersbruck.de
Dokumentationsstätte KZ Hersbruck, Mauerweg 17, Tel. 0 91 51/82 29 20. Geöffnet Fr 10.00–12.00 oder nach Vereinbarung. www.kz-hersbruck-info.de
Frankenalb Therme, Badstr. 16, Tel. 0 91 51/8 39 30, www.frankenalbtherme.de

Einkehrtipps:

Gaststätte Schwarzer Adler, Martin-Luther-Str. 26, Tel. 0 91 51/22 31. Geöffnet Sa–Mi 7.00–14.00 und 17.00–21.00, Fr 17.00–21.00, Do Ruhetag, aber bei Bedarf ab einer Gruppe von 15 Pers. offen, www.schwarzer-adler-hersbruck.de
Restaurant Café Bauer, Martin-Luther-Str. 16, Tel. 0 91 51/8 18 80. Geöffnet Do–Di 7.00–24.00, Mi 17.00–24.00, www.restaurant-cafe-bauer.de

Extras :

Stadtführung Mai–Sept jeden So 10.00, Treffpunkt Rathaus.
Hersbrucker Altstadtfest mit Eselrennen am 1. Wochenende im Aug.
Hersbrucker Sommerfest jeweils in der 2. und 3. Juliwoche.

13 Lauf an der Pegnitz
Fluss als Namensgeber und Wohltäter

Ort:
Größte Gemeinde des Landkreises Nürnberger Land. Ohne die eingemeindeten Ortsteile etwa 17.000 Einwohner.

Geschichte:
Erste urkundliche Erwähnung eines »Luipoldus de lauffe« 1243. Marktrechte 1298, Stadtrechte 1355. 1352 wird Lauf unter Kaiser Karl IV. Teil des Territoriums Neuböhmen und gerät 1373 in Besitz der Landshuter Herzöge. Annektiert 1504 von der Reichsstadt Nürnberg. Seit 1806 bayerisch.

Sehenswürdigkeiten:
Marktplatz mit Rathaus und 2 Tortürmen. Wenzelschloss. Glockengießerspital. Reichelsche Schleifmühle. Industriemuseum. Alte Felsenkeller. Salvatorfriedhof. Viele stattliche Fachwerkhäuser.

Dauer des Rundgangs:
Mit Besuch des Industriemuseums, aber ohne Wirtshauseinkehr, gut 3 Std.

Anfahrt:
ÖPNV: Vom Nürnberger Hauptbahnhof mit der S-Bahn (S 1) zum Laufer Bahnhof links der Pegnitz. Kfz: Auf der A 9 bis Ausfahrt 50 oder 49, von da zum Laufer Bahnhof links der Pegnitz. Hier ausreichend Parkplätze.

Bereits im 13. Jahrhundert sind entlang der Laufer Ansiedlung vier Mühlen urkundlich belegt. Die Pegnitz hat hier auf 500 Meter ein Gefälle um sechs Meter und bietet damit ideale Möglichkeiten zum Antrieb von Wasserrädern. Dem schnellen »Loufen« des Flusses, den die Einheimischen nur »Pengatz« nennen, verdanken die »Laffer« nicht nur den Namen ihrer Stadt, sondern auch einen Teil ihres Wohlstandes. Trotz erheblicher Zerstörungen im 16. Jahrhundert hat die Stadt viel von ihrem mittelalterlichen Flair bewahren können und zählt mit Sicherheit zu einem der schönsten und attraktivsten Orte Mittelfrankens.

Vom Wenzelschloss zur Johanniskirche

Wir verlassen die S-Bahn-Station und folgen dem Hinweis Marktplatz, der uns über die Julienstraße zur Weigmannstraße und anschließend zur Altdorfer Straße führt. Unmittelbar vor der steinernen Pegnitzbrücke halten wir uns rechts und stehen auch schon vor dem gewaltigen Wenzelschloss, das Karl IV. von 1356 bis 1360 als Wasserschloss auf einer Pegnitzinsel erbauen ließ. Hoch über dem Eingangsportal eine verwitterte Büste des Heiligen Wenzel, dem Schutzpatron von Böhmen und Namensgeber des Schlosses. Der böhmische König und spätere deutsche Kaiser Karl IV. residierte des Öfteren in Lauf und nutzte das Schloss zur Sicherung des Handelswegs von Nürnberg über Lauf nach Prag. Das Highlight des Schlosses ist der inzwischen legendäre, leider aber nur im Rahmen einer offiziellen Stadtführung zugängliche Wappensaal mit 117 Steinwappen von böhmisch-schlesischen Adligen, Bischöfen und Städten. Nach dem Ende der böhmischen Herrschaft wohnte der Nürnberger Pfleger im Schloss, das seit 1985 eine Außenstelle der Akademie der Bildenden Künste Nürnberg aufgenommen hat.

Gleich nach Überquerung der steinernen Pegnitzbrücke biegen wir links in die Höllgasse ein und kommen zur Reichelschen Schleifmühle, in der seit 1380 Metallgegenstände wie Messer, Scheren oder Äxte durch Antrieb über ein Wasserrad bearbeitet worden waren. Erst 1988 wurde der Betrieb eingestellt, kann aber jetzt, nach aufwendigen Restaurierungsarbeiten der eifrigen Laufer Altstadtfreunde, besichtigt werden. Neben der Schleifmühle der um 1430 erbaute Judenturm. Er gehörte mit seinen sechs Schießscharten zur alten Stadtmauer und war eine wichtige Verteidigungsbastion. Später nutzte man das Gebäude als Gefängnis und Armenhaus. Es folgen in der Höllgasse Nr. 16 und 8 herrlich restaurierte Fachwerkhäuser, und auch in der rechts abzweigenden Lessnergasse sind einmalig schöne Hausfassaden zu bewundern.

Am Ende der Höllgasse stoßen wir auf die Johannisgasse und kommen links zur bereits 1360 begonnenen, aus hei-

Idyllisch auf einer Flussinsel gelegen – das Wenzelschloss

mischem Keupersandstein errichteten Johanniskirche. Das 20 Meter lange und 10 Meter breite Kirchenschiff überrascht mit barocker Orgel, barockem Hochaltar und barocker Kanzel, ansonsten ist der Innenraum schlicht gehalten und mit den zweistöckigen Emporen eine typisch evangelische Kirche. Die Besteigung des Kirchturms zur Türmerwohnung – der Türmer war in Lauf gleichzeitig auch Musikus, spielte in Schänken auf und dirigierte die Stadtkapelle – mit berauschend schönem Ausblick auf die Stadt und die Ausläufer der Fränkischen Schweiz, kann über die Laufer Altstadtfreunde geregelt werden und ist ein echter Höhepunkt.

Die historische Altstadt

Wir verlassen St. Johannis und widmen uns jetzt ganz dem Laufer Marktplatz, einem städtebaulichen Juwel. In der Mitte das erstmals im 14. Jahrhundert gebaute, später zerstörte, wieder errichtete und mehrfach an- und umgebaute Alte Rathaus, das seit 1976 mit einem durchaus empfehlenswerten Restaurant aufwartet. Beiderseits des Marktplatzes schöne hochgiebelige Fachwerkhäuser und stattliche Sandsteinbauten. Unter etlichen der Häuser liegen bis zu zehn Meter tiefe Keller, in denen einst Bier gelagert wurde. Eine Begehung dieser ziemlich einmaligen Gewölbe ist ebenfalls über die Altstadtfreunde möglich. Auch romantische Innenhöfe gibt es zu sehen, beispielsweise am *Hotel garni Zum Wilden Mann*, einer altfränkischen Hofanlage am Marktplatz 21.

Für den Gang über den Marktplatz sollte man sich Zeit lassen und gelegentlich auch einen Blick in die umliegenden Gassen werfen. Unbedingt bis zum Hersbrucker Tor, dem Oberen Tor, laufen. Dahinter erreicht man die Goldene Straße, der in früheren Zeiten als wichtiger Handelsweg zwischen Nürnberg und Prag enorme Bedeutung zukam. Unmittelbar neben dem Tor das Wirtshaus *Zwinger Melber*, ein stattliches Fachwerkhaus mit feiner Küche und einem Biergarten an der alten Stadtmauer.

Zurück auf den Marktplatz und links in die Barthstraße einbiegen. Die Häuser sind hier wesentlich bescheidener als am Markt. Eine Gedenktafel rechter Hand an Haus Nr. 4 erinnert daran, dass an dieser Stelle früher eines der zwei Kommunbrauhäuser stand, in dem vom 16. bis zu Beginn des 20. Jahrhunderts Laufer Bürger ihr Bier brauen konnten. 76 Braubeorechtigte soll es einst gegeben haben. Diese Zeiten sind lange vorbei, zurzeit existiert nur noch eine einzige Brauerei in der Stadt.

Nach gut 100 Metern kommen wir zu dem Gebäude, in dem 1850 dank einer Stiftung von Anna Dietz einer der ersten bayerischen Kindergärten eröffnet wurde. Daneben die imposante Ruine der ehemaligen Pfarrkirche St. Leonhard. Das Gotteshaus war 1553 im Zweiten Markgrafenkrieg bis auf den Glockenturm und die Außenmauern zerstört und nicht wieder aufgebaut worden. Die marodierenden Horden des Markgrafen Albrecht Alcibiades hatten 1553 auch das von dem Glockengießer Hermann Kessler und seiner Ehefrau Elsbeth gestiftete Spital neben St. Leonhard niedergebrannt. Doch das Glockengießerspital ist später zu neuem Leben erweckt worden und beherbergt heute ein begehrtes Altenheim. Die Barthstraße mündet kurz darauf in die Spitalstraße. Bei Erreichen der Johannisstraße gehen wir rechts weiter zum Marktplatz und bewundern erneut die herrlichen Fachwerkhäuser.

Besinnung auf dem Salvatorfriedhof

Einen Großteil der Laufer Sehenswürdigkeiten haben wir inzwischen kennengelernt. Doch noch steht uns dreierlei bevor: Der stimmungsvolle Salvatorfriedhof, die Einkehr in eines der Wirtshäuser in der Altstadt sowie die Besichtigung des Industriemuseums. Ich schlage vor, den Museumsbesuch auf den Schluss des Rundgangs zu legen und vor einer Einkehr den Friedhof aufzusuchen. Darum jetzt links vom Rathaus auf der Falknerstraße, wie die B14 hier heißt, zur Nürnberger Straße und auf der anderen Straßenseite gleich rechts auf dem schmalen Fußweg bis zum Parkplatz. Auf dem Querweg nach rechts, und schon stehen wir neben dem Friedhof, den wir durch das kleine schmiedeeiserne Gatter betreten.

Der Gottesacker, wie man früher sagte, wurde um 1534 angelegt. Die letzte Beisetzung fand 1968 statt, und seit 1985 wird der Friedhof als öffentlicher Park genutzt. Hochragende Bäume, eine wild wuchernde Wiese, viele alte, höchst unterschiedliche Grabsteine – die von hier ausstrahlende Stille und Besinnlichkeit kennt man sonst nur von jüdischen Friedhöfen, in denen Gräber stets unangetastet bleiben und infolge ihres allmählichen Verfalls an die Vergänglichkeit allen irdischen Lebens erinnern. So bildet der Salvatorfriedhof einen geglückten Kontrast zur Hektik und Rastlosigkeit unseres normalen Alltags.

Laufs Vergangenheit hautnah erleben

Vom Friedhof auf dem gleichen Weg zurück zum Marktplatz – an gut geführten Gasthäusern ist hier wahrlich kein Mangel. Danach durchschreiten wir gestärkt und zufrieden das mächtige Nürnberger Tor, gehen zur Nürnberger Straße vor und biegen sogleich links in die Glockengießerstraße ein, die uns zur Sichartstraße und damit zum Laufer Industriemuseum bringt. Hier ist die Entwicklung vom frühindustriellen Gewerbe der Handwerker zur Hochindustrie im 20. Jahrhundert eindrucksvoll dokumentiert, und zwar in genau den Werkhallen am Pegnitzufer, in denen einst die Menschen gearbeitet haben. Der Antrieb durch mächtige Wasserräder ist ebenso zu sehen wie die Werkmaschinen einer Schmiede und einer Dreherei. Gezeigt wird ergänzend, wie in der Bundesrepublik ab Mitte der 1950er-Jahre gelebt wurde, welche Möbel und Kleider damals in Mode waren, wie Urlaub gemacht und wie Partys gefeiert wurden. Es wäre wirklich schade, dieses Museum nicht zu besuchen.

Anschließend gehen wir die Sichartstraße geradeaus weiter und überqueren die Pegnitz auf der Fußgängerbrücke. Am anderen Ufer rechts das Bügeleisenhaus, so genannt wegen seiner spitzwinkligen Form. Wir halten uns links und kommen auf der Samstagstraße zur Siebenkeesstraße. Auf der linken

»Dem alleinigen Gott die Ehre« – Sinnspruch über der Eingangstür eines Fachwerkhauses

Seite hinter einem Eisentor, zwischen Straße und Pegnitz, der kleine, öffentlich zugängliche Barthpark mit schönem Pavillon und altem Baumbestand, mit Bänken und einem Kinderspielplatz. Es ist der ehemalige Garten einer wohlhabenden Laufer Müllerfamilie, die das Anwesen 1980 an die Stadt verkauft hat. Der Blick über die rasant dahinfließende Pegnitz zum Judenturm und zur Schleifmühle macht bewusst, wie lohnend der Rundgang durch diese Stadt war.

Die Siebenkeesstraße führt zur Altdorfer Straße. Hier kennen wir uns bereits aus und finden schnell den Weg über die Weigmann- und Julienstraße zum Bahnhof bzw. zum Parkplatz.

Informationen:

Info-Punkt Lauf, Hellergasse 2, 91207 Lauf a. d. Pegnitz, Tel. 0 91 23/98 82 35. www.lauf.de

Industriemuseum Lauf, Sichartstr. 5–11, Tel. 0 91 23/18 41 18. Geöffnet 01.04.–30.11. Mi–So 13.00–17.00. www.industriemuseum-lauf.de

Einkehrtipps:

***Restaurant Altes Rathaus*, Marktplatz 1, Tel. 0 91 23/27 00. Tägl. geöffnet, warme Küche 11.00–14.00 und 17.00–22.00, Mo erst ab 17.00.**

***Gasthaus an der Mauermühle*, Johannisstr. 16, Tel. 0 91 23/9 61 28 10. Geöffnet Mi–Mo 11.30–14.30 und 17.00–22.00, Di Ruhetag.**

***Wirtshaus Zwinger Melber*, Hersbrucker Str. 1, Tel. 0 91 23/98 32 14, geöffnet Di–So 11.00–24.00, Mo Ruhetag, www.zwinger-melber.de**

Extras:

Letztes Wochenende im Jun das Laufer Altstadtfest am Marktplatz und in den umliegenden Gassen.

Jeden 1. So und Mo im Jul das traditionsreiche Kunigundenfest mit Festzug, Festwagen und Musikaufführungen.

Führungen der Laufer Altstadtfreunde zu den Felsenkellern, zur Schleifmühle und zum Turm der Johanniskirche nach Anmeldung bei H. Höfel, Tel. 0 91 23/98 84 17, oder B. Strobel, Tel. 0 91 23/54 23.

Heilsbronn

Wo das Wirken der Zisterzienser noch zu spüren ist

14

Ort:
Mittelfränkische Stadt im Landkreis Ansbach. Ohne Ortsteile rund 5.000 Einwohner.

Geschichte:
Erste urkundliche Erwähnung 1132. Im selben Jahr Gründung des Klosters, das 10 Jahre später vom Zisterzienserorden übernommen wird. Ab 1579 unter der Schutzherrschaft der Ansbacher Markgrafen. 1791 preußisch geworden, ab 1806 bayerisch, im selben Jahr auch das Marktrecht bekommen. 1932 Stadterhebung anlässlich der 800-Jahr-Feier.

Sehenswürdigkeiten:
Das Münster. Viele ehem. Klostergebäude. Katharinenturm mit Heimatstuben und Musikinstrumenten-Ausstellung. Konventhaus mit stadtgeschichtlichem Museum.

Dauer des Rundgangs:
Ohne Museumsbesuch und Einkehr etwa 2 Std.

Anfahrt:
Mit dem Regionalexpress (R 7) oder der S-Bahn (S 4) nach Heilsbronn. Kfz: Auf der B 14 Nürnberg–Ansbach zu den Parkplätzen am Heilsbronner Bahnhof. Vom Bahnhof auf der Bahnhofstraße bis zur Kreuzung, dann rechts Am Postberg entlang zum Marktplatz.

Den Mönchen folgten die Markgrafen

Die Geschichte von Heilsbronn steht und fällt mit dem Wirken der Zisterzienser. Elf Jahre nach der Klostergründung durch den Bamberger Bischof Otto I. kamen die Mönche vom Zisterzienserkloster Ebrach nach Heilsbronn und sorgten für eine wirtschaftliche Blütezeit. Um 1500 gehörten zur Zisterze Heilsbronn Güter in 292 Orten zwischen Main und Donau, wobei einige vollständig in Klosterbesitz waren. Denn trotz aller Askese waren die Mönche wirtschaftlich ungemein tüchtig und verstanden sich auf die Steinbearbeitung ebenso wie auf den Getreideanbau, auf die Lebzelterei und auf die Schaf- und Fischzucht. Besondere Fähigkeiten entwickelten sie im Bauwesen, vor allem in der Steinbearbeitung. Als 1578 mit dem Tod des letzten Abtes die Ansbacher Markgrafen, bis dahin lediglich Schutzherren des Klosters, den gesamten Besitz des Ordens übernahmen und von nun an die Geschicke des Ortes allein bestimmten, blieb die bauliche Grundstruktur von Heilsbronn gleichwohl weitgehend unverändert, sodass Besucher bei einem Rundgang noch viele Gebäude, die früher zum Kloster gehörten, kennenlernen können.

Vom Marktplatz zum Münsterplatz

Wir sind auf der Bahnhofstraße bis zur Straße Am Postberg gelaufen und stehen jetzt vor dem Unteren Tor, dem Eingang zum Heilsbronner Marktplatz. Dort wimmelt es nur so von stattlichen Gebäuden aus der nachklösterlichen Zeit. Der *Gasthof Zum Löwen* z. B. birgt in seinen Fundamenten das ehemalige Klosterschlachthaus. Das lang gezogene Fachwerkhaus mit den grünen Fensterläden wurde 1621 für Markgraf Joachim Ernst als Verwalterhaus errichtet, zuvor stand hier der fünfstöckige Getreidespeicher der Mönche. Der Fachwerkbau gegenüber, jetzt Hotel und Restaurant, war einst markgräfliche Küche. Die Abteigasse bringt uns anschließend zur Neuen Abtei, früher zunächst Wohnsitz des Abtes und zur Zeit der Markgrafen deren Quartier, wenn sie sich in Heilsbronn aufhielten. Jetzt ist das Gebäude Fortbildungsstätte der evangelischen Kirche. Nach diesem Gebäudekomplex biegen wir nach rechts ab, vorbei an den Resten des Infirmitoriums, des ehemaligen Krankenhauses der Mönche, und kommen auf den Münsterplatz – und damit zur größten Sehenswürdigkeit der Stadt. Hier ist unendlich viel zu sehen, und so sollte man sich genügend Zeit lassen, um alles in Ruhe aufnehmen zu können.

Zwischen Münster und Refektorium, dem einstigen Speisehaus der Mönche, ist vor kurzem ein blühender Garten angelegt worden, der von einem vierflügeligen Weg umrahmt ist und veranschaulicht, wo früher der Kreuzgang verlief, der nach Auflösung des Klosters Ende des 18. Jahrhunderts als über-

Die ehemalige Spitalkapelle mit später aufgesetztem Fachwerk

flüssig empfunden und abgebrochen wurde. Der dreischalige Brunnen im Stadtwappen geht zurück auf den Dreischalenbrunnen, den Abt Sebald Bamberger um 1500 gestiftet hatte und der im Dreißigjährigen Krieg zerstört worden ist. Bei der Neugestaltung des Kreuzgangbereichs hat man 2011 einen modernen dreischaligen Brunnen dort aufgestellt, wo die Mönche sich morgens und vor den Mahlzeiten wuschen. Errichtet wurde das Refektorium um 1240 in spätromanischem Stil, und an seiner Fassade ist noch deutlich zu sehen, wo der nördliche Flügel des Kreuzgangs am Refektorium angebaut war. Neben dem Speisehaus der Mönche steht das Dormitorium, das ursprünglich bis an das Querschiff des Münsters reichte. Von 1582 bis 1736 wurde das Schlafhaus der Mönche als Fürstenschule genutzt, in der Landeskinder aus armen Familien auf Staatskosten zu tüchtigen Beamten ausgebildet wurden.

Vor der Besichtigung des Münsters wollen wir zunächst zu dem kleinen, unscheinbaren Häuschen am Ende des Münsterplatzes, dem sogenannten »Heilbrunnen«. Anders als vielfach angenommen ist der Stadtname nicht auf eine Heilquelle zurückzuführen. Zwar nannten die Mönche ihre Siedlung *»fons salutis«* – Quelle des Heils –, meinten damit aber das Heil, das vom rechten Glauben ausging. Versuche im frühen 18. Jahrhundert, das hier austretende Quellwasser der Schwabach für Heilzwecke zu nutzen, erwiesen sich als Fehlschlag.

»Schlafkammer des fränkischen Adels«

Nun aber ins Münster! Die Anfänge der dreischiffigen romanischen Säulenbasilika reichen bis in die Mitte des 12. Jahrhunderts, und gebaut, modernisiert und erweitert wurde bis in die Neuzeit hinein. Seit 1132 werden im Münster Gottesdienste gefeiert. Für manchen Besucher ist das Münster heute vor allem

Der moderne Dreischalenbrunnen bei Nacht

ein Kunstmuseum. Neun wunderbare Altäre, die meisten von Nürnberger Künstlern, das fünfstöckige Sakramentshäuschen aus dem Umfeld der Werkstatt des Adam Kraft, wertvolle Grabsteine, Gedächtnistafeln, Skulpturen, Totenschilde und Gemälde machen das Gotteshaus zu einem einzigartigen kunsthistorischen Juwel. Da die fränkischen Hohenzollern Heilsbronn als ihr Hauskloster auserkoren hatten, ließen sie von 1297 bis 1625 hier ihre Toten beisetzen. So wurde Heilsbronn zur »Schlafkammer des fränkischen Adels« und damit zu einem Mausoleum des späteren preußischen Herrscherhauses. Äußerst eindrucksvoll die beiden Hochgräber von Markgraf Georg Friedrich und Markgraf Joachim Ernst im Mittelschiff des Münsters sowie im Langhaus das Hochgrab der Kurfürstin Anna, der Gemahlin von Kurfürst Albrecht Achilles. Unterhalb dieses Hochgrabes kann man zu einer Quelle der Schwabach hinabsteigen.

Der äußere Klosterbereich

Nach der intensiven Besichtigung zurück zum Münsterplatz, rechts am »Heilbrunnen« vorbei und auf die Hauptstraße. Ein paar Meter nach links, und wir stehen vor dem Konventhaus. In dem hier untergebrachten Museum ist die geschichtliche Entwicklung von der Gründung des Klosters bis in die Gegenwart minutiös dargestellt, für Historiker sicherlich ein Hochgenuss. Dem Konventhaus gegenüber führt ein Gässchen zu einem wahrlich kuriosen Gebilde. Auf den Unterbau der einstigen Spitalkapelle, in der bis zur Aufhebung des Klosters Gottesdienste für die weltlichen Bediensteten stattfanden, hat der spätere Eigentümer ein Fachwerkhaus gesetzt, sodass hier zwei völlig konträre Baustile aufeinandertreffen. Dennoch oder gerade deshalb ein echter Hingucker.

Nun auf der Hauptstraße weiter, links am Konventhaus vorbei und dann an der Rückseite des Münsters entlang. Hier entdecken wir die Heideckerkapelle, einen um 1200 errichteten romanischen Bau. Wir gehen danach durch das als DVV-Wanderweg gekennzeichnete Gässchen und kommen so zu der gewaltigen Klostermühle. Der Giebel über der dritten Etage erreicht eine Höhe von 15 Metern und ist nur mit Strebpfeilern gesichert – eine handwerkliche Meisterleistung. Nach den Zisterzienser-Mönchen verkauften die Markgrafen die Mühle an

Privatleute, die das Mahlwerk weiter nutzten. Von dem Bach, der die Mühlräder einst antrieb, ist oberirdisch nichts mehr zu sehen, erst außerhalb der alten Klostermauer erscheint der Bach wieder.

Im großen Bogen zurück zum Marktplatz

Auf der Mühlgasse geht's nun zur Pfarrgasse. Der rote Turm aus Backsteinen im Süden, keine 100 Meter entfernt, ist der Achillesturm, benannt nach seinem Erbauer Albrecht Achilles. Kurz darauf links das *Castrum* oder Markgrafenhaus, jetzt evangelisches Pfarrhaus. Sobald die Hauptstraße erreicht ist, steuern wir links auf den Kammereckerplatz zu. Sofort weckt der wuchtige Katharinenturm unser Interesse. Er steht zum Teil auf den Grundmauern einer Kirche, die man 1770 abgerissen hat. Mit den Abbruchsteinen wurde der Turm wieder aufgebaut und bis zum Zweiten Weltkrieg für Wohnzwecke genutzt. Im Dachgeschoss, der ehemaligen Türmerwohnung, sind jetzt die Heimatstuben eingerichtet, im Stock darunter eine Musikinstrumenten-Sammlung. Der Eintritt ist frei.

Das Luitpold-Denkmal vor dem Turm erinnert an Prinzregent Luitpold, der nach dem Tod Ludwigs II. die Regentschaft übernahm, da Ludwigs Bruder, der geisteskranke Otto, dazu nicht in der Lage war. Gegenüber dem Denkmal das Rathaus mit dem städtischen Verkehrsamt, links davon der Steinhof, zur Zeit der Zisterzienser das Klostergasthaus, das die durchziehenden Pilger und Wallfahrer versorgte und nun als *Gasthof Adler* fortbesteht.

Die Straße zwischen Rathaus und Steinhof bringt uns zum Lindenplatz, an dessen Nordseite ein Fußpfad zum idyllisch gelegenen Klosterweiher führt. Hier wäre Gelegenheit, auf einer Bank Platz zu nehmen und ein wenig zu verschnaufen. Hinter dem Weiher, Am Philosophenweg, ein großzügig angelegtes beheiztes Freibad. Wer nun einkehren möchte, geht auf der Alten Poststraße zum Startpunkt unseres Rundgangs, zum Unteren Tor, und entscheidet sich am Marktplatz für eine leckere fränkische Spezialität im *Gasthof Zum Löwen* oder für Kaffee und Kuchen im *Café am Marktplatz*, wo es, nach alten Rezepten gebacken, echte Zisterzienser-Lebkuchen gibt.

Informationen:

Verkehrsamt der Stadt Heilsbronn, Kammereckerplatz 1, 91560 Heilsbronn, Tel. 0 98 72/8 06 52, www.heilsbronn.de

Museum Heilsbronn, Hauptstr. 5, Konventhaus, Tel. 0 98 72/80 51 13. Geöffnet Mi–So 14.00–16.00, Jan–Feb nur So. Museumsführungen jeden 1. So in den Monaten Jan, Feb, März, Okt, Nov, Dez um 15.00.

Einkehrtipps:

Gasthof Zum Löwen, Marktplatz 6–8, Tel. 0 98 72/12 31. Geöffnet 9.00–14.00 und 17.00–23.00. Sa Ruhetag.

Café am Marktplatz, Marktplatz 3, Tel. 0 98 72/80 20 24. Geöffnet Di–So 9.00–18.00, Mo Ruhetag.

Extras:

»Entdeckungsreise durch Heilsbronn«, Stadtführung Apr–Sep jeden 1. So im Monat um 15.00, Treffpunkt vor dem Konventhaus.

Münsterführungen von Ostern bis Ende Okt jeden So um 13.30, Treffpunkt Münster.

Museumsführungen sind im Verkehrsamt zu buchen, Tel. 0 98 72/8 06 19.

15 Windsbach
Bekannt durch schöne Knabenstimmen

Ort:
Ehemalige Markgrafenstadt im Landkreis Ansbach, ohne Ortsteile knapp 3.000 Einwohner.
Geschichte:
Erste urkundliche Erwähnung 1138. Stadtrecht 1278. 1282 fällt Windsbach an den Nürnberger Burggraf. Von 1292 bis 1791 bestimmen die Ansbacher Markgrafen die Geschicke der Stadt. Anschließend bis 1806 preußisch, dann bayerisch.
Sehenswürdigkeiten:
Historische Altstadt mit Rathaus, Stadtturm, 2 Stadttoren und schmucken Fachwerkhäusern. Stadtkirche St. Margaretha. Heimatmuseum.
Dauer des Rundgangs:
Ohne Einkehr, ohne Museumsbesuch und Besteigung des Stadtturms etwa 1 1/2 Std.
Anfahrt:
ÖPNV: Mit dem Regionalexpress (R 7) oder der S-Bahn (S 4) bis Wicklesgreuth, dann mit der Regionalbahn (R 71) nach Windsbach. Kfz: Auf der A 6 bis Ausfahrt 54, anschließend über Neuendettelsau zum Windsbacher Bahnhof. Hier Parkplätze.

Durch seinen Knabenchor ist Windsbach weit über die Grenzen Bayerns hinaus bekannt geworden. Ein Ausflug in das Städtchen lohnt sich aber nicht nur wegen der schönen Stimmen, sondern in erster Linie wegen der zahlreichen aus der Markgrafenära stammenden ansehnlichen Bauten und Hinterlassenschaften, wie unser Rundgang durch den Ort belegen wird.

Mittelpunkt Marktplatz

Wir gehen die Bahnhofstraße ein Weilchen Richtung Innenstadt und biegen dann links in die Straße An der Stadtmauer

Brunnen mit Oberen Tor im Hintergrund

ab. Von der Mauer, die einst die historische Altstadt schützend umschloss, sind leider nur noch Reste zu sehen, sodass wir relativ schnell, ohne abgelenkt zu werden, das stattliche Obere bzw. Schwabacher Tor erreichen. Hier ist die Stadtmauer noch ein gutes Stück unversehrt erhalten. Auf dem Tor ein Glockentürmchen, darunter Uhr und Fenster. Durch das Tor kommen wir zur Hauptstraße, die gleichzeitig als Marktplatz dient. Unmittelbar nach dem Oberen Tor links das schmucke Beß'n-Haus, in dem das Heimatmuseum mit vielen Exponaten zur

Stadtgeschichte untergebracht ist. Der rührige Heimatverein hat sich sehr bemüht, die bewegte Vergangenheit Windsbachs, auch während der Nazizeit, vorurteilsfrei aufzuarbeiten. Anliegen des Vereins ist zudem die sorgfältige Brauchtumspflege.

Auf der Hauptstraße folgen eine Reihe herrlicher Fachwerkhäuser, am eindrucksvollsten wohl *Gasthof Sonne*, eine Gaststätte, die wir uns für eine spätere Einkehr vormerken. Kaum weniger prächtig das historische Rathaus, gebaut 1749. Die zwei Pranger mit verstellbaren Halseisen beiderseits des Eingangs erinnern daran, dass man hier bei Gesetzesverstößen mit den Übeltätern nicht gerade zimperlich umsprang. Ein paar Meter weiter, ebenfalls auf der rechten Seite, das ehemalige Rentamt, 1736/1737 nach Plänen des Hofbaudirektors Leopoldo Retti erbaut. Das Gebäude war einst Wohnsitz des Stadtvogts und gleichzeitig markgräfliches Amtshaus, denn während der Markgrafenzeit erhielt Windsbach eines der 15 Oberämter im Ansbacher Staatsgebiet.

Wir wechseln die Straßenseite und gehen zur evangelischen Stadtpfarrkirche. St. Margaretha war 1738–1740 an der Stelle einer mittelalterlichen Wehrkirche entstanden und ist eine typische Markgrafenkirche mit Taufbecken und Altar in einer Linie, darüber die Kanzel, ansonsten schlicht und ohne jeden Prunk. Bei besonderen Anlässen tritt auch der Knabenchor hier auf.

Minnesang vom Stadtturm

Vom Kirchplatz wieder auf die Hauptstraße und zum 35 Meter hohen Windsbacher Stadtturm. Das Alter des Turms wird auf 1.000 Jahre geschätzt, und er diente bis 1934 als Wachturm, auf dem der Türmer die Stadt rechtzeitig vor Feuer und Feind zu warnen hatte. Hier wohnte auch zehn Jahre lang, von 1210 bis 1220, der Ritter und Minnesänger von Winsbeke. Mit einem 56-strophigen Gedicht, in dem ein Vater seinen Sohn über die Prinzipien des ritterlichen Lebens unterrichtet, zählt er zu den wenigen frühen Literaten Frankens. Verewigt ist Winsbeke in der *Manessischen Liederhandschrift*.

Die Brandschatzungen und Verwüstungen in Windsbach, 1450 und 1549 durch die Nürnberger, während des Dreißigjährigen Krieges von den Schweden und Kaiserlichen und später von Franzosen und Kroaten, hat der Turm zwar überstanden, aber doch schwere Schäden erlitten. Erst nachdem die 1985 gegründeten Altstadtfreunde den Turm in mehr als 10.000 Arbeitsstunden von Grund auf saniert haben, kann dieses städtebauliche Juwel wieder besichtigt werden. Und das lohnt sich, nicht nur wegen des fantastischen Ausblicks.

Spazieren an der Fränkischen Rezat

Nun die Hauptstraße weiter bis zum Unteren Tor, dem Brückentor, das im Gegensatz zum Oberen Tor wenig Eindruck hinterlässt, und wir kommen zu der 1791 aus Sandstein gebauten Markgrafenbrücke, einem massiven Bauwerk, das alle Widrigkeiten der Natur, Überschwemmungen, Hitze und Frost, mühelos überstanden hat. Wir überqueren die Brücke, gehen rechts auf dem von Ahornbäumen umrahmten Fußweg an der munter dahinfließenden Fränkischen Rezat entlang und genießen die ungestörte Naturidylle. An der nächsten Brücke wieder über die Rezat und gleich rechts Richtung Unteres Tor. Nun auf der Retzendorfer Straße bis zum Friedhof aus dem Jahr 1556 mit der ebenso alten Kapelle Zur Christenruh. Auf dem schmalen Fußweg, gegenüber der Friedhofsmauer, setzen wir unseren Rundgang fort. Wir befinden uns nach wie vor au-

Rathaus mit ausgefallenem Blumenschmuck

ßerhalb der alten Stadtmauer, von der hier und da noch Reste stehen, und biegen dann links, erneut auf schmalem Weg, in die historische Altstadt ab.

Einkehren und Wandern

Die Kolbenstraße bringt uns zum Heimatmuseum und zum Oberen Tor. Bevor wir uns jetzt auf den Rückweg zum Bahnhof begeben, spricht wahrscheinlich nichts gegen eine Erholungspause im *Gasthof Sonne* oder im *Café Helmreich*. Danach wieder zum Oberen Tor und weiter auf der Heinrich-Brandt-Straße. Unmittelbar nach dem Oberen Tor rechts ein Gebäude, das bis zum 9. November 1938 Gebets- und Versammlungsraum der jüdischen Gemeinde in Windsbach war. An der Ecke Heinrich-Brandt-/Rother Straße führt ein Fußweg zum Chorzentrum und Studienheim des Windsbacher Knabenchors, einem modernen Gebäude, in dem zu bestimmten Zeiten öffentliche Chorproben stattfinden (Näheres in der Touristen-Information). Auf der Heinrich-Brandt-Straße weiter und dann gleich links in die Birkenstraße abbiegen, auf der wir rechts, auf einem Hügel unter Bäumen versteckt, ein ziemlich bombastisches, dem Völkerschlachtdenkmal in Leipzig nachempfun-

Mit wunderschönem Fachwerk versehen: Die Hauptstraße von Windsbach

denes Kriegerdenkmal vorfinden. Der hier in Stein gemeißelte vaterländische Stolz auf die in den zwei Weltkriegen heldenhaft gefallenen Väter und Söhne ruft allerdings gemischte Gefühle hervor.

Die Denkmalstraße bringt uns zum Bahnhof. Und wer jetzt noch etwas unternehmen will, kann von hier aus, zum Kennenlernen des Windsbacher Umlands, zu zwei interessanten Rundwanderungen aufbrechen: Auf dem Klingenbuckweg zur Wernsmühle nach Wernsbach, oder auf dem Burgstallweg nach Moosbach, Wolfsau und Retzendorf. Beide Routen, gut sieben Kilometer lang, dauern je zwei Stunden. Exakte Wegbeschreibungen sind in der Touristen-Information in der Windsbacher Hauptstraße erhältlich.

Informationen:

Tourist-Info Windsbach, Hauptstr. 15, 91575 Windsbach, Tel. 0 98 71/67 01 14, www.windsbach.de

Heimatmuseum im Beß'n-Haus am Oberen Tor. Geöffnet jeden Marktsonntag 13.00–17.00 oder nach Vereinbarung, Tel. 0 98 71/14 13.

Altstadtfreunde »Die Turmfalken«, Vorstand Hans Jäcklin, Ansbacher Str. 8, Tel. 0 98 71/3 12. Besichtigung des Turms ist möglich an Markttagen sowie nach Vereinbarung.

Einkehrtipps:

***Gasthof Sonne*, Hauptstr. 19, Tel. 0 98 71/92 72. Geöffnet Do–So 10.00–18.00, Mo–Mi Ruhetag.**

***Konditorei-Café Helmreich*, Hauptstr. 23, Tel. 0 98 71/2 55. Geöffnet Di –Fr 7.30–12.45 und 14.00–18.00, Sa 7.30–12.00, So 8.00–17.00. Mo Ruhetag, www.cafe-helmreich.de**

16 Wolframs-Eschenbach
Die Stadt des Deutschen Ordens und des Parzival-Dichters

Ort:
Mittelfränkische Kleinstadt im Landkreis Ansbach. Ohne eingemeindete Ortsteile ca. 2.500 Einwohner.

Geschichte:
Erstmals urkundlich belegt um 1057 als »*Eschelebach*«. Kommt um 1212/1220 in den Besitz des Deutschen Ordens. 1332 Stadtrechte. 1796 preußisch, 1806 bayerisch. 1917 wird Obereschenbach in Wolframs-Eschenbach umbenannt.

Sehenswürdigkeiten:
Liebfrauenmünster. Altes Rathaus mit Wolfram-von-Eschenbach-Museum. Deutschordensschloss. Alte Vogtei. Fürstenherberge. Stattliche Bürgerhäuser. Gut erhaltener Mauerring mit 2 Stadttoren.

Dauer des Rundgangs:
Mit Museumsbesuch und Einkehr rund 4 Std.

Anfahrt:
ÖPNV: Mit dem Zug (R 7) oder der S-Bahn (S 4) nach Ansbach, dann mit dem Bus 738 nach Wolframs-Eschenbach. Kfz: Auf der A 8 bis Ausfahrt Neuendettelsau oder Lichtenau, anschließend über Windsbach. In Wolframs-Eschenbach Parkplätze auf dem Festplatz am Schießweiher.

Über 600 Jahre lang ist Wolframs-Eschenbach vom Deutschen Orden entscheidend geprägt worden. Durch die hier Mitte des 13. Jahrhunderts eingerichtete Deutschordenskommende war Eschenbach fortan Sitz eines Vogteiamtes und entwickelte sich zum geistlichen und weltlichen Zentrum der Region. So gehörten zum Eschenbacher Dekanat u. a. Schwabach, Herrieden, Spalt und Ornbau. Der Niedergang während des Dreißigjährigen Krieges konnte in den Folgejahren weitgehend kompensiert werden, sodass man heute als Besucher den Ein-

1861 stiftete König Maximilian II. ein Denkmal des Dichters Wolfram von Eschenbach, nach dem sich die Stadt 1917 umbenannte

druck vermittelt bekommt, ein mittelalterliches Städtchen im Urzustand zu erleben.

Zum Wolfram-von-Eschenbach-Platz

Ausgangspunkt des Rundgangs ist das Untere Tor, errichtet von 1410 bis 1416 auf einem Vorgängerbau. Wir gehen weiter und kommen über den Heumarkt zum Wolfram-von-Eschenbach-Platz, dem Zentrum der Stadt. In der Mitte das Wolfram-Denkmal, 1861 vom bayerischen König Maximilian II. gestiftet. Dargestellt ist der Schöpfer des *Parzival*, dessen Verbindung mit dem Ort gut belegt ist, als Ritter und Sänger; 56 Jahre später benannte der bayerische König Ludwig III. die Stadt dann in Wolframs-Eschenbach um.

Auf der rechten Seite des Platzes das Alte Rathaus, dahinter die Liebfrauenkirche mit dem bunten Fayence-Ziegeldach des 63 Meter hohen Kirchturms. Wir werden uns später mit beiden Gebäuden näher befassen und widmen uns zunächst der prächtigen Fassade des ehemaligen Deutschordensschlosses rechts. Das 1623 gebaute Haus mit seinen zwei Ecktürmen und dem geschwungenen Giebel gilt als Meisterwerk der Renaissancebaukunst. Zweimal gastierte hier Kaiser Joseph I. Jetzt wird das Gebäude, zusammen mit der dahinter liegenden Zehntscheune, als Rathaus genutzt. Das Hohe Haus gegenüber vom Schloss, nunmehr Domizil der Sparkasse, entstand in seiner gegenwärtigen Form Mitte des 15. Jahrhunderts exakt an der Stelle, auf der sich einst das Geschlecht der Eschenbacher niedergelassen hatte.

Zum Oberen Tor

Wir haben nun die Hauptstraße und damit die Prachtstraße der historischen Altstadt erreicht. Eigentlich ist hier jedes Haus eine Offenbarung. Gleich rechts die Alte Vogtei, ein herrlicher Fachwerkbau, bis 1808 das Amtshaus des Vogtes. Prunkstück des Gebäudes ist das Sandsteinportal. Daneben, ebenfalls auf der rechten Straßenseite, das Benefiziatenhaus und die ehemalige Fürstenherberge mit Sgrafittoputz. Hier wurden in früheren Zeiten prominente Gäste untergebracht. Es folgen rechts mit dem *Gasthaus zur Traube*, dann gegenüber, also auf der linken Seite, mit der Wolfenschmiede, dem Lammwirts-

Der Wolfram-von-Eschenbach-Platz

und dem Kocherhaus einzigartige Bürgerhäuser aus dem 15. bzw. 17. Jahrhundert. Wie an allen historisch wertvollen Gebäuden sind Hinweise auf Entstehung und Verwendung der Häuser angebracht. An vielen Fassaden Nischen mit Madonnen oder Heiligenfiguren, Eschenbach war rein katholisch, das Umland dagegen evangelisch.

Am Ende der Hauptstraße durchschreiten wir das mächtige Obere Tor. Wie sich die Stadt vor feindlichen Angriffen zu schützen wusste, bezeugen das erstaunlich gut erhaltene Mauerwerk und der tiefe Stadtgraben. Mein Vorschlag deshalb: Nach Verlassen des Oberen Tores rechts halten, über die Treppe in den Graben hinuntergehen und die Stadt im Uhrzeigersinn entlang der rund 1500 Meter langen Ringmauer umrunden.

Wehrhaftes Eschenbach

Wucht und Ausmaß der Befestigungsanlage, die in den Jahren 1350 bis 1430 entstanden ist, sind erst jetzt klar zu erkennen. Hier, auf der westlichen Seite, ist alles mit Bastionen und einem zweiten Mauerring besonders wehrhaft ausgelegt, während das Mauerwerk im Norden und Osten relativ bescheiden wirkt, da das Eschenbachtal mit seinen Weihern dort für Angriffe wohl weniger geeignet war. An der nördlichen Mauerseite sind blühende Obst- und Gemüsegärten angelegt, außerdem Plätze zum Spielen und Erholen. Bei Erreichen des Festplatzes wäre es sinnvoll, den Schießweiher in den Rundgang einzubeziehen – der Blick von hier auf die Stadtsilhouette ist außergewöhnlich schön. Wir gelangen dann zum Unteren Torturm, den wir ja bereits kennen, und setzen unseren Gang an der Südflanke der Stadtmauer fort. Sie war Anfang des 16. Jahrhunderts durch zwei Türme, den Hunger- und den Bürgerturm, verstärkt worden. Am Bürgerturm dann rechts bis zum Unteren Torturm gehen und von da wieder zurück in die historische Altstadt, dieses Mal aber nicht über die Hauptstraße, sondern unmittelbar nach dem Tor über die Färbergasse.

Die Häuser hier sind erheblich kleiner als auf Eschenbachs Prachtstraße. Ab und an schmucke Innenhöfe und kleine Gärten mit viel Blumen. Die von der Färbergasse links abzweigenden Gässchen geben den Blick frei auf die Stadtmauer, die wir bei der Stadtumrundung von außen gesehen haben. Das sicherlich schönste Gebäude in der Färbergasse ist das Pfrün-

Die Länge der Ringmauer um Wolframs-Eschenbach beträgt rund 1.500 Meter

dehaus, einst bewohnt von einem Geistlichen. Es entstand Anfang des 15. Jahrhunderts und hat die Zeiten weitgehend unverändert überstanden. Ein paar Schritte weiter kommen wir zum Schulgässchen und stehen vor dem Alten Schulhaus, in dem bis 1886 unterrichtet wurde. Nun die gegenüberliegenden Treppen hinauf zum Kirchhof. Wir befinden uns auf der Rückseite des Münsters und kommen zum Pfarrhaus. Am Portal sind noch die Wappen des Deutschordens zu sehen. Dann vorbei an der Zehntscheune von 1596/1597, die mit dem Deutschordensschloss eine Einheit bildet.

Münster und Wolfram-Museum

Nun haben wir endlich Zeit, uns näher mit dem Liebfrauenmünster zu befassen, das vom Deutschen Orden zwischen 1230 und 1450 unter Verwendung eines Teils des Vorgängerbaus als eine der frühesten gotischen Hallenkirchen errichtet wurde. Dass Eschenbachs berühmtester Sohn hier beigesetzt wurde, gilt als sicher belegt, obwohl seine Grabstätte nicht erhalten ist. Ein Kalksteinepitaph rechts nach Betreten des Münsters ist nicht zu übersehen. Besonders erwähnenswert sind der Rosenkranzaltar im nördlichen Seitenschiff, geschaffen von einem Schülerkreis des Veit Stoß, und die Pietà auf dem Hochaltar aus dem 15. Jahrhundert.

Ein letzter Höhepunkt wäre nun – nicht nur für Germanistikstudenten und Deutschlehrer – ein Besuch des nach Wolfram benannten Museums im Alten Rathaus. In den überaus fantasievoll gestalteten Räumen taucht man ganz und gar in die Welt des großen Dichters und Sängers ein. Man kann sich ausführlich über sein Gesamtwerk informieren und erfährt gleichzeitig, wie das Leben bei Hofe zu jener Zeit war und was ein edler Ritter bieten musste, um Anerkennung zu finden. Ausklingen wird der Rundgang vielleicht im *Café Parzival* gegenüber vom Alten Rathaus oder im *Landhotel Gary* in der Nähe des Oberen Tores.

Informationen:

Bürger- und Tourismusbüro, Wolfram-von-Eschenbach-Platz 1, 91639 Wolframs-Eschenbach, Tel. 0 98 75/9 75 50, www.wolframs-eschenbach.de

Wolfram-von-Eschenbach-Museum, Wolfram-von-Eschenbach-Platz 9, Tel. 0 98 75/97 55 34. Geöffnet Di–So 14.00–17.00, So zusätzlich 10.30–12.00. Nov-März nur Sa und So 14.00–17.00. Eintritt Erw. 2 €, Kinder bis 6 Jahre frei.

Einkehrtipps:

Landhotel Gary, Richard-Wagner-Str. 2, Tel. 0 98 75/9 79 70. Geöffnet 11.00–14.00 und 17.00–21.30, Mi nur bis 13.00. www.landhotel-gary.de

Café Parzival, Wolfram-von-Eschenbach-Platz 4, Tel. 0 98 75/97 11 40. Geöffnet Pfingsten bis Mitte Sep. Mo–Sa 9.00–18.00, So 13.30–18.00, ansonsten Di-Sa 9.00–12.00 und 14.00–18.00, So 13.30–18.00, Mo Ruhetag, www.cafeparzival.de

Extras:

Alle 2 Jahre Altstadtfest rings um den Wolfram-von-Eschenbach-Platz am 2. Wochenende im Jul.

Räuber-Hotzenplotz-Fest von 10.30–18.00 am 2. So im Aug.

17 Hilpoltstein
Ein Städtchen mit mittelalterlichem Flair

Ort:
Mittelfränkische Stadt im Landkreis Roth. Rund 13.500 Einwohner.

Geschichte:
Erste urkundliche Erwähnung 1280 als *»oppidum de lapide«* (Siedlung am Stein). 1354 Verleihung der Stadtrechte. Bis 1385 im Besitz der Herren von Stein. Danach fällt die Stadt an die Herzöge von Baiern-Landshut (erst seit Ludwig I. wird der Landesname mit ›y‹ geschrieben), ab 1505 an die Pfalzgrafen der neugegründeten »Jungen Pfalz-Neuburg«. 1542 wegen Geldmangels für 36 Jahre an die Freie Reichsstadt Nürnberg verpfändet. Ende des 18. Jahrhunderts wird Hilpoltstein dem Kurfürstentum Bayern zugeschlagen und 1806 dem Königreich Bayern.

Sehenswürdigkeiten:
Burgruine und Traidkasten. Stadtkirche St. Johannes der Täufer. Rathaus und Residenz. Museum Schwarzes Roß. Mauerturm mit teilweise erhaltener Stadtmauer. Eine Reihe alter, äußerst stattlicher Fachwerkhäuser.

Dauer des Rundgangs:
Ohne Einkehr und Museumsbesuch etwa 2 Std.

Anfahrt:
ÖPNV: Mit der Regionalbahn (R 61) nach Hilpoltstein. Kfz: Auf der A 9 bis Ausfahrt Allersberg (55), anschließend Richtung Hilpoltstein zum Parkplatz auf dem Bahnhofsgelände.

Ausflug in die Geschichte

Hilpoltstein südlich des Rothsees und nicht zu verwechseln mit Hiltpoltstein bei Gräfenberg, wartet mit einer turbulenten Vergangenheit auf. Der viermalige Herrschaftswechsel innerhalb

Das Hilpoltsteiner Rathaus wurde vor dem Bau des Traidkastens als Kornkammer genutzt

weniger Jahrhunderte hat der Stadt jedoch erstaunlicherweise mehr Vor- als Nachteile gebracht, denn jeder neue Herrscher war bemüht, in Form aufwendiger Bauten Zeichen zu setzen, ohne das bereits Vorhandene zu zerstören. So finden wir heute in Hilpoltstein wertvolle Hinterlassenschaften der Herren von Stein, der Herzöge von Baiern-Ingolstadt und Landshut sowie der Neuburger Pfalzgrafen, und auch die Nürnberger wollten da nicht zurückstecken und haben der Stadt ihren Stempel aufgedrückt. Ein Rundgang durch die Stadt ist insofern auch eine kleine Reise in die Vergangenheit.

Vom Döderleinsturm zum Rathaus

Es sind nur ein paar Minuten vom Hilpoltsteiner Bahnhof zur historischen Altstadt. Vom Bahnsteig links zum Altstadtring gehen, dann weiter nach rechts, bis links der Döderleinsweg mit dem Hinweisschild Historische Altstadt abzweigt, und nach wenigen Metern ist die alte Stadtmauer erreicht. Empfangen werden wir vom Döderleinsturm, dem einzigen von ehemals acht Stadtmauertürmen aus dem 14. Jahrhundert, der nicht der Spitzhacke zum Opfer fiel. Auch die beiden mittelalterlichen Stadttore wurden abgebrochen, lediglich ein Teil der Stadtmauer blieb erhalten, wie ein Blick nach rechts unschwer erkennen lässt.

Die ehemalige Residenz, in ihrem Inneren befinden sich fantastische Stuckdecken

Gleich hinter dem Döderleinsturm beginnt die Marktstraße. Linker Hand liegen das Museum Schwarzes Roß sowie der gleichnamige Brauereigasthof. Einen Katzensprung weiter stehen wir vor dem 1418 errichteten Hilpoltsteiner Rathaus, einem mächtigen spätgotischen Fachwerkbau. Ursprünglich war hier der herrschaftliche Kornspeicher, doch nach Errichtung des Traidkastens neben der Burg wurde der erste Stock des Rathauses als Rats- und Gerichtsstube genutzt, während im Erdgeschoss Kaufläden sowie Brot- und Fleischbänke untergebracht waren. Glanzstücke im Rathaussaal sind der kunstvolle Renaissanceschrank und ein sechsarmiger Messing-Kronleuchter. Das Brunnenmännchen auf dem Brunnen neben dem Rathaus, ein geharnischter Wächter mit dem Nürnberger und Hilpoltsteiner Wappen, ist das Werk des Erzgießers Labenwolf, einem Schüler Peter Vischers.

Residenz und Pfarrkirche

Das große Gebäude vis-à-vis vom Rathaus ist die ehemalige Residenz, die der Neuburger Pfalzgraf Johann Friedrich ab 1619 errichten ließ, nachdem er im Testament des Vaters die Ämter Hilpoltstein, Allersberg und Heideck übertragen bekommen hatte. Johann Friedrich machte Hilpoltstein zum Residenzsitz und legte Wert auf eine repräsentative Innenausstattung – die Stuckdecken der Residenz mit kunstvollen astrologischen und mythologischen Motiven können auch heute noch jeden Kunstkenner begeistern.

Unsere volle Aufmerksamkeit gilt anschließend der katholischen Pfarrkirche St. Johannes der Täufer. Das barocke Gotteshaus entstand 1732–1734 und ist aus einem spätgotischen Bau des 15. Jahrhunderts hervorgegangen. Von außen ähnlich wie viele andere Kirchen, von der Innengestaltung her jedoch ein wahres Meisterwerk mit herrlichen Deckenfresken, schönen Altären und wertvollen Kunstgegenständen wie der spätgotischen Madonna im Seitenaltar links. Ganz wundervoll ist die üppige Stuckarbeit im Langhaus, die italienischen Glanz und Leichtigkeit versprüht. Also alles in Ruhe anschauen und zur Information vielleicht einen Blick in den ausliegenden *Kleinen Kirchen-Kunstführer* werfen.

Großartige Fachwerkhäuser

Wir setzen den Rundgang fort und gehen jetzt die Christoph-Sturm-Straße hinunter. Eine Gala stolzer Giebelhäuser ist hier zu bestaunen: Druckerei Millizer, *Gasthaus zum Schwan, Café Grimm* und *Conditorei Brandmeyer,* letzteres das Geburtshaus von Christoph Sturm, der zu den bedeutendsten Mathematikern des 17. Jahrhunderts zählt. Am Reichlerhaus, einem zweigeschossigen Giebelhaus mit herrlichem Fachwerk, folgen wir der Linkskurve, biegen kurz danach links in die Kolpingstraße ein und kommen zum Götzhaus, das 1385, also noch zu Zeiten der Herren von Stein, erbaut wurde und somit das älteste erhaltene Fachwerkhaus der Stadt ist. Nach dem Götzhaus rechts in die Einbahnstraße abbiegen und am Kerl-Haus, dem ehemaligen Wohnhaus eines bedeutenden fränkischen Heimatforschers, links auf der Sternsingerstraße zur früheren Mädchenschule, jetzt Musik- und Singschule, und von da rechts weiter auf der Kirchenstraße. Bevor wir dann die Treppen zum Traidkasten hinaufsteigen, verschnaufen wir kurz. Das Ensemble der malerischen ein- und zweigeschossigen Fachwerkhäuser aus dem 16. und 18. Jahrhundert in der Kirchenstraße darf nicht übergangen werden.

Kornkammer und Burg

Den Traidkasten, einen riesigen Kornspeicher, gab Herzog Ludwig der Reiche von Landshut 1473/1474 in Auftrag, um hier die Abgaben der Untertanen einzulagern. Außerdem legte er darin Waffen- und Lebensmittelvorräte an, um seine Truppen vor allem gegen die Ansbacher Markgrafen versorgen zu können. So versteht man auch die gewaltigen Ausmaße des Gebäudes. Später wurde das Haus als Krankenhaus, danach als Waisenhaus und Sitz des Landratsamtes genutzt. Jetzt ist es das Haus des Gastes.

Über den kleinen Rosengarten neben dem Traidkasten kommen wir zu der auf einem Felsenmassiv ruhenden Burgruine. Der Stammsitz der Herren von Stein, immer wieder erweitert, zählte einst zu den bedeutendsten Anlagen in Franken. Angehörige des Rittergeschlechts hatten es im 13. und 14. Jahrhundert zu hohen und höchsten Ämtern in Bayern und im Reich gebracht. Nach einem großzügigen Umbau und einer umfassenden Renovierung diente das Schloss ab 1606 der Pfalzgräfin Dorothea Maria als Witwensitz. Nach ihrem Tod wurden Teile der Hauptburg zum billigen Steinbruch. Geblieben ist immerhin der imposante 22 Meter hohe Bergfried, und das relativ unversehrte Renaissanceportal gibt Zeugnis, was für ein historisches Kleinod diese Burg gewesen sein muss. Führungen durch die Ruine werden an Wochenenden und Feiertagen von April bis Oktober angeboten. Vom Turm aus hat man einen herrlichen Rundblick auf die Stadt, auf die Vorjuralandschaft sowie auf das »Meer« des Nürnberger Reichswaldes.

Wir gehen zurück Richtung Pfarrkirche. Am ehemaligen Mesnerhaus, einem hübschen kleinen Fachwerkhaus aus dem 17. Jahrhundert, biegen wir nach rechts ab. Das zweigeschossige, verschlämmte Sandsteingebäude links gehörte zur Residenz und war der Festsaal der Pfalzgrafen, in dem ausgiebig gefeiert wurde. Jetzt hat sich hier das Finanzamt eingenistet. Am Spitalwinkel halten wir uns links und stoßen erneut auf

Der imposante Bergfried der Burgruine

einen gewaltigen Bau, das 1525 erbaute Jahrsdorfer Haus, einst der Edel- und Freisitz für das gleichnamige Adelsgeschlecht. Wenn wir anschließend über die Johann-Friedrich-Straße den Marktplatz erreicht haben, könnte der Rundgang eigentlich beendet sein.

Zum Abschluss Stadtweiher und *Schwarzes Roß*

Ich schlage jedoch vor, noch nicht Schluss zu machen, sondern am Ende der Johann-Friedrich-Straße rechts in die Zwingerstraße abzubiegen und nach Querung der Brücke vor dem Gasthof *Zum Hirschen*, einem ebenfalls grandiosen Fachwerkbau, rechts zum Stadtweiher zu laufen. Dieses idyllisch gelegene Gewässer zu umrunden, nimmt etwa 15 Minuten in Anspruch und ist eine prima Gelegenheit, die auf dem Rundgang gesammelten Eindrücke in Ruhe zu verarbeiten. Danach ist bestimmt noch genügend Zeit, um im Brauereigasthof *Zum Schwarzen Roß* einzukehren und dabei das dazugehörige Museum zu besichtigen, in dessen Kellerräumen die Relikte der einzigen in Deutschland erhaltenen Renaissancebrauerei zu sehen sind. In den oberen Geschossen des Museums lagern vielfältige Exponate zur Stadtgeschichte, außerdem ist dort dokumentiert, wie ein Schreiner, Zimmermann oder Steinmetz in früheren Zeiten gearbeitet haben.

Informationen:

Amt für Kultur und Tourismus, Kirchenstr. 1, 91161 Hilpoltstein, Tel. 0 91 74/97 85 05, www.hilpoltstein.de

Museum Schwarzes Roß, Marktstr. 10, Tel. 0 91 74/97 85 07 oder 0 91 74/97 85 05. Mai–Okt tägl. außer Mo geöffnet 13.00–17.00, Nov–Apr nur Sa, So und Fei 13.30–16.30.

Burgruine, Maria-Dorothea-Str. 7, zu besichtigen Apr–Okt Sa, So und Fei 10.30–17.00, Tel. 0 91 74/ 97 85 05.

Einkehrtipp:

***Gasthaus Zum Schwarzen Roß*, Marktstr. 10, Tel. 0 91 74/4 79 50. Geöffnet Do–Di, 11.00–15.00 und 17.00–24.00, Mi Ruhetag, www.hotelschwarzesross.de**

Extras:

Am 1. Wochenende im Aug Fr–Mo Burgfest, So mit historischem Umzug.

Jeden Fr 9.00–13.00 Bauernmarkt vor dem Rathaus.

Dinkelsbühl

Wunderwerk aus Mauern, Türmen und Toren

Ort:
Mittelfränkische »Große Kreisstadt« an der Wörnitz. Rund 11.700 Einwohner.

Geschichte:
Frühe Ansiedlung im 8. Jahrhundert. Keimzelle ist wohl ein fränkischer Königshof. Erste urkundliche Erwähnung der Stadt als *»burgus Tinkelspuhel«* 1188. 1341 Freikauf aus der Verpfändung an den Grafen von Oettingen und Erlangung des Status einer freien Reichsstadt. Im Dreißigjährigen Krieg infolge achtmaligen Herrscherwechsels schwere Einbußen. 1649 Gleichstellung der zerstrittenen Konfessionen durch einen Paritätsvertrag. 1806 endgültig bayerisch. 1826 untersagt König Ludwig I. jeglichen Abbruch der mittelalterlichen Befestigungsanlagen.

Sehenswürdigkeiten:
Münster St.-Georg. Altes Rathaus. Spitalanlage mit Hl.-Geist-Kirche. Deutschordensschloss. Weinmarkt. Nahezu komplett erhaltene Stadtbefestigung mit zahlreichen Wehrtürmen und 4 Stadttoren. Mehrere Museen. Eine Vielzahl großartiger Fachwerk- und Giebelhäuser.

Dauer des Rundgangs:
Ohne Museumsbesuch und Einkehr, aber mit Umrundung der historischen Altstadt, etwa 3 Std.

Anfahrt:
ÖPNV: Mit dem Zug nach Ansbach, anschließend mit dem Bus 805 zum Busbahnhof an der Schwedenwiese. Kfz: Auf der A 6 bis Ausfahrt 49, dann auf der B 25 über Feuchtwangen zum Parkplatz am Busbahnhof.

Dass der Name der Stadt auf einen Dinkelbauern zurückgeht, der einst vorbeikommende Wallfahrer und Mönche mit dem begehrten Getreide versorgte, ist eine schöne Sage. Wahrscheinlich verdankt die Stadt ihren Namen aber einem »Thingolt« oder »Dingolt«. Trotzdem ist die Sage in das Stadtwappen mit drei Dinkelähren eingegangen, und unweit des Faulturms, an der nördlichen Stadtmauer, wurde dem Dinkelbauern später mit einem Büschel Ähren im Arm ein Denkmal gesetzt, das wir auf unserem Rundgang kennenlernen werden.

Haus der Geschichte und St. Georg

Start also an der Schwedenwiese, die wir überqueren, die Konturen der ehemaligen Reichsstadt schon fest im Blick. Am Dreigangsturm rechts vorbei, durch das mächtige Wörnitztor aus dem 13. Jahrhundert, und schon ist der Altrathausplatz er-

Das Alte Rathaus mit dem Löwenbrunnen

reicht. Löwenbrunnen, farbenfrohe Giebelhäuser und das soeben durchschrittene Tor bilden eine herrliche Kulisse und sind ein erster Vorgeschmack auf die außergewöhnlichen Sehenswürdigkeiten, denen wir begegnen werden. Das Alte Rathaus, ein beachtlicher Quaderbau aus der ersten Hälfte des 14. Jahrhunderts, beherbergt jetzt die Touristen-Information sowie das Haus der Geschichte Dinkelsbühl. Hier wird u. a. gezeigt, wie Dinkelsbühl im Mittelalter zu einer wohlhabenden und einflussreichen Stadt wurde, infolge des Dreißigjährigen Krieges und wegen anhaltender Streitigkeiten zwischen Protestanten und Katholiken aber jegliche Bedeutung verlor und dann erst um 1900 aus seinem »Dornröschenschlaf« erwachte, als Maler aus Berlin und München die Schönheit der Stadt erkannten und ihre Begeisterung in Gemälden weitergaben. Mit vielfältigen Exponaten ist dieses Museum ein wahres Eldorado und auch für Kinder ein großes Erlebnis.

Unser nächstes Ziel ist jetzt das Münster St. Georg, nach Meinung von Experten eine der schönsten spätgotischen Hallenkirchen in Süddeutschland. Rechts hinter dem Löwenbrunnen verlassen wir den Altrathausplatz und kommen über das Kirchhöflein zum romanischen Portal von St. Georg am Weinmarkt. Der Kirchturm stammt von einer Vorgängerkirche, während das 21 Meter hohe, 22,5 Meter breite und 77 Meter lange Kirchenschiff in den Jahren 1448–1499 entstand. Die Wucht der 22 Säulen in dem lichtdurchfluteten Innenraum mit seinen herrlichen Altären und kunstvollen Steinmetzarbeiten wird keinen Besucher unbeeindruckt lassen. Man sollte sich deshalb für diese außergewöhnliche Kirche genügend Zeit nehmen, und es lohnt sich zudem, die Beschreibung der einzelnen Kunstobjekte in dem ausliegenden Kirchenführer zu lesen.

Vom Weinmarkt zum Rothenburger Tor

Wir verlassen St. Georg, und das Staunen hat kein Ende. Was wir jetzt auf der Westseite des Weinmarktes sehen – in einer Reihe die ehemalige Ratsherrentrinkstube, das *Gasthaus zur Glocke*, das *Hotel Deutsches Haus*, die Schranne – ist allein schon einen Besuch in Dinkelsbühl wert. Am großartigsten das *Deutsche Haus* mit seiner Spätrenaissancefassade, und da ist es einfach unerlässlich, das mit Figuren und Ornamenten reich verzierte Fachwerk ausgiebig zu studieren. Im Hausrestaurant mit seinem historischen Ambiente einzukehren, könnte später zum krönenden Abschluss des Stadtrundgangs werden.

Der Weinmarkt mündet in die Dr.-Martin-Luther-Straße, und auch hier begleiten uns Giebelhäuser mit prächtigen Fassaden. In Haus Nr. 12, der ehemaligen Fürstenherberge, haben Kaiser Josef I., Kaiser Karl VI. und König Maximilian genächtigt. Rechter Hand kommen wir zur Heilig-Geist-Kirche, erbaut 1380, und dem dazugehörigen und 100 Jahre älteren Spital. Die Spitalgebäude rahmen einen großen Innenhof mit der ehemaligen Spitalscheune ein, in der sich 2008 das Landestheater Dinkelsbühl Franken-Schwaben niedergelassen hat. Am Ende der Martin-Luther-Straße erreichen wir das Rothenburger Tor, früher als Gefängnis und neuerdings als Ausstellungsraum über die Hexenverfolgung genutzt.

Entlang der Inneren Stadtmauer

Unmittelbar vor dem Rothenburger Tor zweigt links die Obere Schmiedgasse ab; sie bringt uns zu einem weiteren stattlichen Fachwerkbau, der lange als Kornspeicher gedient hat. Nunmehr werden dort für die alljährlich stattfindende Kinderzeche die notwendigen Requisiten wie Schuhe, Waffen und Kostüme aufbewahrt. Das Dinkelsbühler Heimatfest hat seinen Ursprung im Dreißigjährigen Krieg. Der Überlieferung nach bewahrte ein mutiges Mädchen, die Türmerstochter Lore, zusammen mit ihrer Kinderschar die Stadt vor Plünderung und Brandschatzung durch die Schweden. Die Festlichkeiten erstrecken sich jedes Jahr über zehn Tage im Juli und ziehen stets Zehntausende von Besuchern in ihren Bann.

Nun auf der Oberen Schmiedgasse weiter zum Kapuzinerweg. Wir kommen rechts am Grünen Turm vorbei, von dem aus das Umland in Kriegszeiten optimal überwacht werden konnte. Die ehemalige Kapuzinerkirche links ist jetzt Wallfahrtskirche und Gedenkstätte des Heimatkreises Mies/Pilsen, und das dazugehörige Kloster wurde zu einem Erholungsheim der Armen Schulschwestern. Auch das 1508 gebaute Kornhaus an der Ecke zur Koppengasse hat seine frühere Funktion verloren und wurde zur Jugendherberge.

Farbenfrohe Fachwerkhäuser bilden eine herrliche Kulisse

Vom Segringer zum Nördlinger Tor

Am Segringer Tor angekommen, das sich mit seiner barocken Zwiebelhaube von den anderen Stadttoren deutlich abhebt, wenden wir uns jetzt der Segringer Straße zu. Am Eck zum Kapuzinerweg die ehemalige Dreikönigskapelle mit einer Gedenkstätte für die Opfer des Nationalsozialismus. Sehr eindrucksvoll dann das neue Rathaus. In dem gegenüberliegenden ehemaligen Gasthaus *3 Mohren* soll am 4. November 1797 Goethe eingekehrt sein. Am Ende der Segringer Straße, kurz vor dem Marktplatz, stehen erneut besonders prächtige Häuser, so rechts der Hezelhof, ein Patrizierhaus mit einem malerischen Innenhof, umsäumt von dreigeschossigen Holzgalerien.

Am Marktplatz, vis-à-vis vom Münster, geht es jetzt in die Nördlinger Straße, und wir sind nun eigentlich nicht mehr überrascht, dass auch hier wieder großartige Gebäude stehen. Rechts die evangelische St.-Pauls-Kirche, 1840 errichtet exakt an der Stelle, an der früher die Kirche der Karmeliter stand und, so die Sage, der Hof des legendären Dinkelbauern. Im Klostergebäude, ein paar Schritte weiter, ist jetzt die Berufsfachschule für Musik eingezogen. Anschließend biegen wir links in das Fischergässchen ein, stoßen auf den Unteren Mauerweg und gehen rechts an der Stadtmauer entlang. Der Bäuerlinsturm, den wir kurz darauf passieren, ist mit seinem hohen Walmdach zu einem Wahrzeichen der Stadt geworden. Anschließend erreichen wir das um 1400 entstandene Nördlinger Tor mit der Stadtmühle, in der neuerdings ein faszinierendes Museum heimisch geworden ist. Auf vier Etagen werden hier Verfahren und Techniken zur Realisierung der »Tiefe des Raumes« vorgestellt: Holografie, 3-D-Fotografie, Magic Eyes, Optische Illusionen, Vexierbilder u. a. Wer Zeit hat, lässt sich diese einmalige Schau nicht entgehen.

Wir passieren das Nördlinger Tor und kommen zum Oberen Mauerweg. Hier folgt nun Turm auf Turm, am fünften, dem Weißen Turm, biegen wir rechts in die Altstadt ab und gehen gleich links auf der Nestleinberggasse zum Deutschordensschloss. Das 1764 im Barockstil neu erbaute Gebäude ist derzeit Sitz des Finanzamtes. Die Rokokokapelle mit formschöner Stuckdecke im dritten Stock unter dem Dachgeschoss kann aus Sicherheitsgründen nur durch eine Glastür besichtigt werden, aber das lohnt sich. Dann auf der Turmgasse zurück zum Marktplatz.

Einkehr und äußerer Stadtrundgang

Der Rundgang wäre fürs Erste abgeschlossen. Wer sich nun etwas ganz Besonderes gönnen will, kehrt im *Deutschen Haus* ein und genießt die Küche und das historische Ambiente dieses

Das Wahrzeichen von Dinkelsbühl: der Bäuerlinsturm

außergewöhnlichen Restaurants. Natürlich haben wir noch längst nicht alles Sehenswerte der Stadt kennengelernt. Darum spricht nichts dagegen, durch weitere Nebenstraßen und Gässchen zu schlendern – überall erwartet uns das wunderbare Flair der alten Reichsstadt.

Der Rundgang durch die Innenstadt sollte abschließend auf jeden Fall durch einen Rundgang entlang der äußeren Stadtmauer ergänzt werden. Deshalb – wir haben uns ja inzwischen gestärkt – zum Altrathausplatz, durch das Wörnitztor und links in die Nikolaus-Eseler-Straße einbiegen. Die Umrundung wird gut eine halbe Stunde in Anspruch nehmen, aber dabei erschließt sich uns die Einmaligkeit der mittelalterlichen Befestigungsanlage nochmals eindrucksvoll.

Die Stadtmauer ist zunächst relativ unscheinbar. Das ändert sich, sobald wir links das Rothenburger Tor erreichen. Hier ist sie zu einem mächtigen Bollwerk ausgebaut, und deutlich erkennbar wird, dass eine Doppelmauer besteht, davor der Stadtgraben. Unmittelbar vor dem Rothenburger Tor geht's rechts auf dem Fußweg weiter, ganz nah am Mauerwerk, Richtung Faulturm. Für Kenner bietet sich hier mit Blick über den Stadtweiher zum Faulturm und zum Parkwächterhäuschen das schönste Panorama überhaupt.

Nach dem Faulturm ein kleiner Pavillon und das Denkmal des legendären Dinkelbauern. Dann die Treppen hinauf und danach nicht auf dem Weg direkt an der Mauer gehen, sondern auf dem höher gelegenen Fußweg, um bessere Sicht auf die Altstadt zu bekommen. Wir erleben jetzt das Kinderzech-Zeughaus, den Grünen Turm und das Kornhaus aus gänzlich anderer Perspektive, und man kann nur größte Hochachtung vor den Fähigkeiten der mittelalterlichen Baumeister haben.

Am Segringer Tor rechts zur Ellwanger Straße hinauf und anschließend gleich links auf der Alten Promenade weiter. Es folgt eine grandiose »Turmparade«: der Wächtersturm, der Berlinsturm, der Haymersturm, der Weiße Turm, der Hagelsturm, der Hertlesturm, der Krugsturm und der Salwartenturm. Am Nördlinger Tor kommen wir zur Stadtmühle mit ihrem wehrhaften Aussehen und zollen erneut dem Bäuerlinsturm Respekt. Danach der Henkersturm, und kurz vor dem Dreigangsturm biegen wir rechts zur Schwedenwiese ab. Kurz vor dem Erreichen unseres Ausgangspunkts ein letzter Blick auf eine der schönsten Stadtsilhouetten im Frankenland.

Informationen:

Touristik Service Dinkelsbühl, Altrathausplatz 14, 91550 Dinkelsbühl, Tel. 0 98 51/90 24 40, www.dinkelsbuehl.de

Haus der Geschichte Dinkelsbühl – von Krieg und Frieden, Altrathausplatz 14, Tel. 0 98 51/90 21 80. Geöffnet Mai–Okt Mo–Fr 9.00–18.00, Sa, So und Fei 10.00–17.00, Nov–Apr tägl. 10.00–17.00, www.hausdergeschichte-dinkelsbuehl.de

Museum 3. Dimension, Am Nördlinger Tor 40, Tel. 0 98 51/28 82. Geöffnet Jan, Feb, März Sa und So 11.00–17.00. Apr, Mai, Jun tägl. 11.00–17.00. Jul, Aug tägl.10.00–18.00. Nov, Dez Sa und So 11.00–17.00.

Kinderzech-Zeughaus, Bauhofstr. 43, Tel. 0 98 51/ 90 24 40. Geöffnet an allen marktoffenen So und auf Anfrage. www.kinderzechzeughaus.de

Einkehrtipp:

Hotel-Restaurant Deutsches Haus, Weinmarkt 3, Tel. 0 98 51/60 58, tägl. 11.30–14.00 und 18.00–21.30. Kein Ruhetag, www.deutsches-haus-dkb.de

Extras:

Die Kinderzeche, das Historische Kinder- und Heimatfest der Stadt Dinkelsbühl, jeweils an den Wochenenden vor und nach dem 3. Mo im Jul.

Großes Stadtfest am letzten So der bayerischen Sommerferien.

Greding
Ein städtebauliches Juwel

Ort:
Mittelfränkisches Städtchen und staatlich anerkannter Luftkurort im Schwarzachtal, Landkreis Roth, ohne Ortsteile rund 3.500 Einwohner.

Geschichte:
Erste urkundliche Erwähnung 1091. Ab 1311 unter der Herrschaft der Eichstätter Fürstbischöfe. Stadtrechte um 1340. Seit 1806 bayerisch.

Sehenswürdigkeiten:
Gut erhaltener Mauerring mit 3 Stadttoren und 18 Wehrtürmen. Fürstbischöfliches Jagdschloss und Forsthaus. Barockes Rathaus. Romanische Basilika mit Karner. 2 Museen.

Dauer des Rundgangs:
Ohne Einkehr und Museumsbesuch ca. 2 Std.

Anfahrt:
ÖPNV: Mit dem Regionalexpress (R 6) oder der S-Bahn (S 2) bis Roth, von da mit der Regionalbahn (R 61) bis Hilpoltstein, anschließend mit dem Bus 611 zum Gredinger Marktplatz. Kfz: Auf der A 9 bis Ausfahrt Greding. Parkplätze auf dem Gredinger Marktplatz.

Eine Hinterlassenschaft der Eichstätter Fürstbischöfe

Der ursprüngliche Siedlungsname lange vor der ersten urkundlichen Erwähnung ist in der älteren Historiografie mit »Gradinga« belegt, wahrscheinlich zurückzuführen auf einen gewissen Grado. Bei einem Aufenthalt in Greding fühlt man sich unweigerlich in frühere Zeiten versetzt. Denn nach dem Bau der 1.250 Meter langen Stadtmauer, begonnen unter Fürstbischof Friedrich IV. von Oettingen in den Jahren 1383–1415, hat sich an der Grundstruktur der Stadt nicht mehr allzu viel geändert, und bis ins 20. Jahrhundert unterblieb jede Neuansiedlung außerhalb des Mauerrings von Greding.

Wir starten unseren Rundgang am Marktplatz. Unübersehbar das prächtige ehemalige Jagdschloss, Ende des 17. Jahrhunderts unter dem Eichstätter Fürstbischof Johann Euchar Schenk von Castell erbaut. Hierher kamen die Fürstbischöfe mindestens einmal im Jahr zum Jagen in den umliegenden wildreichen Wäldern. Seit etlichen Jahren ist das Schloss nun in Privatbesitz und beherbergt ein erstklassiges Antiquitätengeschäft, in dem vom barocken Glanz der Vergangenheit nichts verloren gegangen ist. Gleich neben dem Schloss das einstige fürstbischöfliche Forsthaus, von den Einheimischen auch als »Jägerhaus« bezeichnet. Gebaut hat das stattliche Gebäude wohl Gabriel de Gabrieli, der viel beschäftigte Hofarchitekt der Fürstbischöfe. Dritter Höhepunkt am Marktplatz dann das Gredinger Rathaus, ein ebenfalls imponierendes Bauwerk, wie das Schloss Ende des 17. Jahrhunderts entstanden. Das ursprüngliche Rathaus in der Mitte des Marktplatzes war während des Dreißigjährigen Krieges von den Schweden in Brand gesetzt worden.

Romanische Basilika und Karner

Aber der breite, leicht abfallende Gredinger Marktplatz hat noch mehr zu bieten, so zwei Brunnen und viele ansehnliche Bürgerhäuser mit hohen Giebeln und verzierten Fassaden. Gemütliche Wirtshäuser und Cafés laden bei schönem Wetter zum Sitzen im Freien ein, zum Genießen der märchenhaften Kulisse. Der Marktplatz mündet in die Kindinger Straße. Kurz vor dem Beilngrieser Tor biegen wir nach links in die Malergasse und etwas später links in die Gripsergasse ab. Hier erwartet uns ein geradezu idyllisches Ambiente. Mauerwerk und Wehrtürme sind in perfektem Zustand, umrahmt von Blumen und Kletterpflanzen, die Türme bewohnt, teilweise mit Fachwerk verkleidet – schöner kann ein Altstadtviertel nicht sein.

Danach rechts in die Georg-Jobst-Gasse, gleich darauf rechts in die Kirchberggasse und anschließend über 44 Stufen zum Kirchberg mit der St. Martinskirche. Der älteste Teil des Gotteshauses, der Turm, wird dem 11. Jahrhundert zugerechnet, die romanische dreischiffige Basilika selbst entstand ca. 100 Jahre später und gilt als kunsthistorisch bedeutendstes Bauwerk der Stadt. Faszinierend die jahrhundertealten Wandmalereien, der romanische Taufstein und der spätgotische Hochaltar mit dem

Beweinungsrelief im Unterbau. Besonders anrührend ist die Schlichtheit des Raumes.

Unmittelbar neben der Kirche eine weitere Rarität, der aus dem 14. Jahrhundert stammende Karner, auch Beinhaus (Ossarium) oder Seelenkerker genannt. Hier liegen, sorgfältig aufeinandergeschichtet, die Knochen und Totenschädel von schätzungsweise 2.500 Verstorbenen. Weil sich der Friedhof als zu klein erwiesen hatte, wurden früher die Gebeine der Toten wieder ausgegraben und im Karner aufbewahrt, um die Gräber für neue Tote zu nutzen. In ganz Bayern existieren nur noch sehr wenige dieser Beinhäuser – der Gredinger Karner ist hinsichtlich seiner Größe und Unversehrtheit ein Unikat.

Bevor wir auf den Stufen zurück und dann auf der Kirchberggasse zur Stadtpfarrkirche St. Jakobus hinabsteigen, lassen wir die Blicke über die unter uns zu Füßen liegende historische Altstadt schweifen, die so harmonisch in das bewaldete Schwarzachtal eingefügt ist. Auch die Jakobskirche, die wir anschließend besichtigen, ist sehenswert, obwohl der Kontrast zu St. Martin nicht größer sein könnte. Dort die schmucklose, auf Äußerlichkeiten strikt verzichtende Basilika, hier eine Fülle barocker Altäre und Bilder, eine prunkvolle Kanzel und üppige Stuckarbeiten.

Das ehemalige fürstbischöfliche Jagdschloss, daneben rechts das Forsthaus

Von Tor zu Tor

Wieder auf dem Marktplatz setzen wir unseren Rundgang Richtung Eichstätter Tor fort. Gegenüber dem *Gasthof Zum Bayerischen*, auf der anderen Seite des Marktplatzes, das Archäologie Museum Greding, gleich daneben das Sparkassengebäude mit dem Gredinger Sparkassen-Museum. Da wird man einerseits informiert über prähistorische Funde der Gegend, so über eine Fürstenbestattung aus dem 6. Jahrhundert n. Chr. oder über Ausgrabungen auf einem Gräberfeld bei Großhöbing, und lernt andererseits Schriftstücke, Dokumente und Hilfsgeräte wie Buchungs- und Schreibmaschinen aus der Frühzeit des Sparkassengeschäfts kennen. Beide Museen dürften in ihrer Art einmalig sein.

Wir befinden uns jetzt im südlichen Stadtteil und biegen nach dem *Restaurant Hotel am Markt* links in die Badergasse ein. Die Häuser sind hier teilweise in die Ringmauer eingebaut und wesentlich kleiner und bescheidener als die repräsentativen Bauten am Marktplatz. Aber auch hier immer wieder lauschige Ecken und schöne kleine Gärten. Wir überschreiten den Agbach, der jenseits der Mauer in die Schwarzach mündet. An der Kindinger Straße verlassen wir die Innenstadt durch

Zwei der achtzehn Türme auf der Innenseite des Mauerrings

Mädchen auf dem Gredinger Trachtenmarkt

das Beilngrieser Tor, halten uns nach rechts und umrunden jetzt Greding von außen. Zwischen Weg und Mauerring ein breiter Graben, alles ist begrünt und parkähnlich angelegt. Erneut begegnen wir dem Agbach, der einst Greding mit Wasser versorgte, und kommen wenig später zum Eichstätter Tor, auch Agbrucktor genannt. Wir setzen den Rundgang gemächlich fort bis zum Falter- oder Nürnberger Tor und kehren jetzt zurück in die Innenstadt. Kurz vor dem Marktplatz gehen wir links ein paar Meter in die Amtsknechtsgasse und begutachten den mit Brunnen, Steinfiguren und Bäumen reich bestückten Innenhof des Gredinger Schlosses. Keine Frage, die Fürstbischöfe verstanden angenehm und genussvoll zu leben.

Auf dem Rundgang haben wir nun die wichtigsten Sehenswürdigkeiten der Stadt kennengelernt, und wohl niemand wird der Feststellung widersprechen wollen, dass Greding eine städtebauliche Perle aus längst vergangenen Zeiten ist. Nicht nur die beschriebenen Gebäude erfreuen die Sinne des Besuchers, sondern auch die zahllosen Treppchen und Mauern, der farbenfrohe Blumenschmuck in Gärten und Tonkrügen, die Dekorationen an Türen und Fassaden. Der eine oder andere mag vielleicht nach dem Rundgang nochmals die schönsten Stellen ablaufen, denn oft entdeckt man kunstvolle Details erst beim zweiten Mal. Auch spräche nichts dagegen, zusätzlich noch einen Spaziergang in die nähere Umgebung Gredings zu unternehmen – die Tourist-Information am Marktplatz steht jederzeit mit Rat und Tat zur Seite.

In der Altstadt gibt es viele Wirtshäuser und Einkehrmöglichkeiten. Wer Wert auf eine wirklich gute bayerisch-fränkische Küche legt, wird in den zahlreichen Gasthäusern rund um den Marktplatz nicht enttäuscht werden.

Informationen:

Tourist-Info der Stadt Greding, Marktplatz 13, 91171 Greding, Tel. 0 84 63/9 04 20, www.greding.de

Archäologie Museum Greding, Marktplatz 8, Tel. 0 84 63/90 40. Eintritt frei.

Sparkassen-Museum Greding, Marktplatz 6 (im Rückgebäude der Gredinger Sparkasse).

Besichtigung nur nach Anmeldung bei Kurt Sommer, Tel. 0 91 42/56 79.

Einkehrtipps:

Wirklich empfehlenswerte Einkehrmöglichkeiten am Marktplatz sind:

Hotel-Restaurant Bauer-Keller, Kraftsbucher Str. 1, Tel. 0 84 63/6 40 00. Geöffnet tägl. 6.30–21.00, Di erst ab 18.00. Kein Ruhetag, www.hotel-bauer-keller.de

Hotel-Gasthof Krone, Am Marktplatz 1, Tel. 0 84 63/6 52 80. Geöffnet Di–So 11.00–14.00 und 17.30–21.00, Mo Ruhetag, www.krone-greding.de

Gasthof Stern, Am Marktplatz 3, Tel. 0 84 63/6 41 60 Geöffnet Do–Di ab 17.00, Mi Ruhetag, www.gasthofstern.de

Hotel am Markt, Am Marktplatz 2, Tel. 0 84 63/6 42 70. Geöffnet tägl. 10.00–22.00, www.hotelammarkt.com

Extras:

Gredinger Altstadtfest am letzten So im Aug.

Am ersten Wochenende im Sep Gredinger Trachtenmarkt auf dem Marktplatz.

Beilngries

Zwischen Altmühl und Schloss Hirschberg

20

Ort:
Die Stadt im Landkreis Eichstätt ist ein staatlich anerkannter Erholungsort. Ohne Ortsteile ca. 5.800 Einwohner.

Geschichte:
1007 erstmals urkundlich erwähnt. Markt und Zollrecht bereits 46 Jahre später. Stadtrechte zwischen 1482 und 1498. Gehörte zum Bistum Eichstätt bis 1803.

Sehenswürdigkeiten:
Stadtpfarrkirche St. Walburga. Das von Gabriel de Gabrieli erbaute Rathaus. Hauptstraße mit zahlreichen sehenswerten Bürgerhäusern. 2 Museen. Weitgehend erhaltene mittelalterliche Ringmauer mit 9 Türmen. Schloss Hirschberg.

Dauer des Rundgangs:
Einschließlich des Aufstiegs zum Schloss gut 3 Std.

Anfahrt:
ÖPNV: Mit dem Zug (R 5) oder mit der S-Bahn (S 3) nach Neumarkt/Opf., von hier mit dem Bus 515 nach Beilngries, Haltestelle Frauenkirche. Kfz: Auf der A 8 bis Ausfahrt Altmühltal, dann über Kinding ins Zentrum von Beilngries.

Ein Naturparadies im Altmühltal

Eingebettet zwischen Sulz und Altmühl, flankiert vom alten Ludwigskanal und dem Main-Donau-Kanal sowie umrahmt von den bewaldeten Anhöhen Arzberg und Hirschberg, ist »Bilingriez«, wie die Stadt in ihrer ersten urkundlichen Erwähnung im Jahr 1007 hieß, ein wahres Naturparadies. Beilngries gilt nicht ohne Grund als eines der schönsten Biotope Bayerns, ist aber auch reich an historischen Bauwerken, wie wir auf unserem Rundgang feststellen werden.

Auf der Beilngrieser Prachtstraße

Start an der Bushaltestelle Frauenkirche. Wir werfen kurz einen Blick in die 1683 errichtete und 1753 von dem fürstbischöflichen Hofbaudirektor Mauritio Pedetti erweiterte Kapelle. Sehenswert sind hier vor allem der Hochaltar mit der Marienstatue und das Deckengemälde mit Mariä Himmelfahrt. Dann geht's gemächlich weiter auf der Hauptstraße, der Prachtstraße von Beilngries. Jahrhundertelang, bis 1803, übten die Eichstätter Fürstbischöfe die Herrschaft über die Stadt aus und sorgten dafür, dass in der Innenstadt eine Vielzahl bewundernswerter Barock- und Rokokohäuser gebaut wurden, so z. B. linker Hand das von Gabriel de Gabrieli gebaute barocke Rathaus, rechter Hand das im 16. Jahrhundert von einem reichen Bürger errichtete Kaiserbeckhaus und an der Stirnseite der ehemalige fürstbischöfliche Getreidespeicher, jetzt Haus des Gastes mit der Touristen-Information.

Gleich nach der Frauenkirche rechts ist im ehemaligen Franziskanerkloster ein Spielzeugmuseum untergebracht – mit Modellschiffen und Modellautos, mit Zinnfiguren, Dampfmaschinen, Puppen und Eisenbahnen. Im Großen und Ganzen ist die Straßenführung in der Altstadt so wie im Mittelalter angelegt. Davon zeugen auch die beiderseits der Hauptstraße abzweigenden Nebenstraßen, benannt nach den einst vorherr-

Das von dem berühmten Architekten Gabriel die Gabrieli entworfene Rathaus

Hier wohnte einst der Flurer, der u.a. für die Einhaltung des Weiderechts Sorge trug

schenden Handwerkerberufen: Buchbindergasse, Brunnenbäckergasse, Zinngießergasse, Kupferbäckergasse, Schneider-Peterle-Gasse.

Unübersehbar und die Aufmerksamkeit jedes Besuchers wie magnetisch anziehend ist im Zentrum der Altstadt die Pfarrkirche St. Walburga, eine mächtige Hallenkirche mit stattlichem Hochaltar, mehreren Seitenaltären und zwei riesigen Radfenstern. Die Vorgängerkirche wurde 1910 umgebaut und erweitert, und damals entstanden auch die mit glasierten Biberschwanzziegeln gedeckten Spitzdächer der 52 Meter hohen Doppeltürme, Wahrzeichen der Stadt.

Rund um die Wehrmauer

Weiter dann auf der Hauptstraße, rechts am Haus des Gastes vorbei, bis linker Hand der Innere Graben abzweigt. Von hier aus umrunden wir nun die Altstadt entlang der Stadtmauer mit ihren neun erhaltenen Türmen. Als Erstes ist der Turm des Flurers erreicht, der die Aufgabe hatte, Verstöße gegen das Weiderecht und den Holzdiebstahl im Stadtwald zu bestrafen. Es folgt der Seelennonnenturm, einst Wohnhaus der Totenfrau. Wir passieren anschließend Badturm und Bettelvogtturm, biegen nach dem Bürgerturm entlang der Mauer nach links ab und gehen bis zur Hauptstraße vor. Dann ein paar Meter Richtung Innenstadt, bis rechts die Fortsetzung des Innengrabens beginnt. Es folgen vier weitere Türme, alle mit ausführlichen Erläuterungen. Nach Erreichen des Rossturms sind wir wieder an der Hauptstraße angelangt. Wer bereits jetzt einkehren möchte, findet in der Altstadt viele vorzügliche Gaststätten. Ich empfehle *Gasthof Der Millipp* in der Hauptstraße 9.

Vom Abenteuerpark zum Hirschberg

Ein weiterer Höhepunkt steht aber noch aus, und zwar Schloss Hirschberg. Wir verlassen die Altstadt auf der Hauptstraße und biegen an der Ampel rechts in die Ringstraße ein. Nach der Kurve gehen wir links in die Bräuhausstraße und nach Überquerung der Eichstätter Straße hinauf zum Altmühltaler Abenteuerpark. Hier ist ein attraktiver Naturerlebnis- und Waldhochseilgarten eingerichtet, auf dem Alt und Jung echte Mutproben bestehen können. Eine Spezial-Sicherheitsausrüstung mit Helm und Komplettgurt wird ausgeliehen, Fachleute stehen mit Rat und Tat bereit. Unterhalb des Abenteuerparks das Brauereimuseum, eingerichtet in einem unterirdischen Felsenkellerlabyrinth.

Zum Schloss ist es jetzt nicht mehr weit. Die Bräuhausstraße immer geradeaus, es folgt ein schmaler und steiler Pfad, nach gut 15 Minuten ist man oben. Die auf dem 494 Meter hohen Bergsporn errichtete mittelalterliche Burganlage, 200 Meter lang und 50 Meter breit, wurde von den Eichstätter Fürstbischöfen Mitte des 18. Jahrhunderts zu einem prächtigen Jagdschloss ausgebaut, mit seinen kostbaren Stuckarbeiten, Deckenfresken und Fayencekacheln ein Kleinod des Spätrokoko. Jetzt dient das Schloss als Exerzitien- und Bildungshaus. Der Schlosshof mit prachtvollem Portal und den zwei mittelalterlichen Tortürmen ist jederzeit zugänglich.

Zurück in die Altstadt entweder auf dem gleichen Weg oder besser noch auf dem Altmühlpanoramaweg, der direkt am

Schloss vorbeiführt. Das ist zwar ein Umweg und dauert knapp eine Stunde länger, führt aber auf eine Hochebene mit herrlichem Blick auf die Stadt, auf den Main-Donau-Kanal und die weißen Jurafelsen des Arzbergs. Schöner kann ein Panorama nicht sein!

Idylle an der Sulz

Im Tal angelangt überqueren wir die Sulz und kommen dann zum Yachthafen und zur Schiffsanlegestelle am Main-Donau-Kanal, von wo aus eine vergnügliche Schifffahrt nach Berching unternommen werden kann. Auf dem Weg zur Altstadt lernen wir den *Alten Bahnhof* – jetzt Bistro und Biergarten – sowie den Stadtweiher kennen, überqueren nochmals die Sulz und nähern uns so unweigerlich dem Ausgangspunkt des Stadtrundgangs, der Frauenkirche bzw. der gleichnamige Bushaltestelle zur Rückfahrt nach Neumarkt.

Ist noch etwas Zeit, käme wohl der Besuch eines Cafés in Frage oder zusätzlich ein kurzer Abstecher zu den idyllischen Wiesen an der Sulz. Die Hauptstraße nochmals entlang und dann links durch die Schneider-Peterle-Gasse, vorbei am Seelennonnenturm, zur Kapelle des Antonius von Padua – dort

Wunderschön: Schloss Hirschfeld, das einstige Jagdschloss des Fürstbischofs

kann man an den Ufern des plätschernden Flüsschens, auf einer Bank oder einem Baumstamm, die Seele baumeln lassen und die herrliche Natur genießen.

Informationen:

Tourist-Info, Hauptstr. 14, 92339 Beilngries, Tel. 0 84 61/84 35, www.beilngries.de

Spielzeugmuseum im ehem. Franziskanerkloster, Hauptstr. 49, Tel. 0 84 61/83 18. Geöffnet Apr–Okt Mo–Fr 14.00–16.00, Sa 14.00–18.00, So/Fei 10.00–18.00. Nov–März Mi 14.00–16.00, Sa/So/Fei 13.00–17.00.

Altmühltaler Abenteuerpark, Bräuhausstr. 36, Tel. 0 84 61/60 29 90, www.altmuehltaler.abenteuerpark.de

Brauereimuseum am Abenteuerpark, Besichtigung Mai bis Okt So 10.30, im Aug auch Do 10.30. Für Gruppen ab 10 Pers. jederzeit nach tel. Anmeldung. Tel. 0 84 61/60 29 90.

Schloss Hirschberg, Hirschberg 70, Tel. 0 84 61/6 42 10. Besichtigung nur nach vorheriger Anmeldung. www.bistumshaus-hirschberg.de

Berchinger Personenschifffahrt, Postfach 1665, 93305 Kehlheim. Tel. 0 94 41/32 01 und 0 94 41/1 77 03 90. Fahrten nach Berching von Ende Apr bis Mitte Okt dreimal täglich außer Mo und Fr.

Einkehrtipp:

Gasthof Der Millipp, Hauptstr. 9, Tel. 0 84 61/12 03. Geöffnet tägl. 11.00–14.00 und 17.00– 21.30, www.der.millipp.de

Extras:

Beilngrieser Oldtimertreffen am vorletzten So im Juli. Anmeldung unter Tel. 0 84 61/6 05 16.

»Italienischer Sommer« in der Innenstadt mit Musik, Kulinarischem und *dolce far niente* in den ersten 3 Wochen im Aug. Info-Tel. 0 84 61/84 35.

Alle 2 Jahre »Bayerischer Zwiebelmarkt« Anfang Okt mit Drehorgelspielertreffen und Streuobstmarkt. Info-Tel 0 84 61/84 35.

Weißenburg in Bayern

Im Bann einer alten Reichsstadt

Ort:
Große mittelfränkische Kreisstadt des Landkreises Weißenburg-Gunzenhausen. Ohne eingemeindete Ortsteile gut 14.000 Einwohner.

Geschichte:
Erste urkundliche Erwähnung als »*Uuinzinburc*« 867. In der ersten Hälfte des 13. Jahrhunderts Stadtrechte. Rund 100 Jahre später durch kaiserliche Privilegien Status einer Freien Reichsstadt. 1802 fällt die Stadt an Kurbayern, dann 1804 an Preußen und 1806 endgültig an Bayern.

Sehenswürdigkeiten:
Gut erhaltene Stadtmauer mit 38 Türmen. Ellinger Tor. Reichsstädtisches Rathaus. Hauptkirche St. Andreas. Spitalkirche. Karmeliterkloster. Eine Reihe repräsentativer Bürgerhäuser. Römermuseum. Limes-Informationszentrum. Reichsstadtmuseum. Apothekenmuseum. *Castrum Biriciana* und Römische Thermen.

Dauer des Rundgangs:
Ohne Einkehr, aber mit Besichtigung des Apothekenmuseums, des Römermuseums und der römischen Thermen rund 4 Std.

Anfahrt:
ÖPNV: Mit dem Zug (R 6) zum Weißenburger Bahnhof. Kfz: Von Nürnberg über Schwabach und Roth auf der B 2 bzw. von Ansbach über Gunzenhausen auf der B 13 zum Bahnhof in Weißenburg. Hier Parkplätze.

Entlang der westlichen Stadtmauer zum Ellinger Tor

Wir gehen vom Bahnhof eine kurze Strecke die Bahnhofstraße entlang und biegen dann links in die Westliche Ringstraße ein. Rechter Hand der Stadtgraben und Reste der alten Stadtmauer, die einst Weißenburg mit einigen Dutzend Türmen und drei

Majestätisch erhebt sich hinter der Stadtmauer das Ellinger Tor

Stadttoren komplett umschlossen hat. Jetzt ist der Stadtgraben hier voller zauberhafter Gärten, die Türme werden für Wohnzwecke genutzt. Unser erster Eindruck ist, dass hier Mittelalter und Moderne, reichsstädtische Vergangenheit und industriell geprägte Neuzeit, zu einer harmonischen Einheit geworden sind.

Vorbei am *Löwengarten*, einer griechischen Taverne, etlichen kleinen Häuschen und anmutigen winzigen Vorgärten erreichen wir den Scheibleinsturm. Es ist der einzige erhaltene Rundturm der Stadtmauer, der lange als Stadtgefängnis genutzt worden war. Beim Weitergehen wird der Blick auf die Weißenburger Altstadt mit ihren formvollendeten Türmen und Giebelfassaden zunehmend freier. Die Versuchung ist groß, auf Höhe der Andreaskirche in die historische Altstadt einzuschwenken. Wir bleiben aber zunächst an der Außenmauer, passieren den Pulverturm, und erst an der Nordspitze der Stadtmauer, unterhalb des Ellinger Tores, verlassen wir den Stadtgraben, steigen über Treppen zur Nördlichen Ringstraße hinauf und stehen dann vor dem einzigen Stadttor Weißenburgs, das von der Spitzhacke verschont geblieben ist. Mit seinem aus dem 14. Jahrhundert stammenden Turm und dem reizvoll gestalteten Vorwerk ist es zweifellos eines der schönsten deutschen Stadttore. Also ein wenig verweilen und die außergewöhnliche Schönheit der Architektur genießen.

Frühes Bekenntnis zur *Confessio Augustana*

Wir durchschreiten nun das Tor und schlendern durch die Ellinger Straße. Schon gleich am Anfang herrliche Häuser, am auffallendsten *Restaurant Am Ellinger Tor*, das wir uns für eine spätere Einkehr vormerken könnten. Doch auch die *Andreas Stuben* am Ende der Ellinger Straße hinterlässt einen guten Eindruck und kommt in die engere Auswahl. Aber wir sind ja jetzt ohnehin im kulturellen Zentrum der Altstadt angelangt und müssen überlegen, was wir uns alles anschauen wollen.

Da ist zunächst der imponierende Bau der Andreaskirche, »Sinnbild der Reichsstadt und Spiegelbild ihrer Geschichte«, wie die Kirche, an der fast zwei Jahrhunderte lang gebaut

Wundervoller Dachgiebel in Weißenburg

wurde, in einer Broschüre zutreffend charakterisiert wird. Im Zuge der Reformation – als eine der ersten Reichsstädte hatte sich Weißenburg 1530 auf dem Reichstag in Augsburg öffentlich zur *Confessio Augustana* bekannt – sind der Kirche bedeutende Kunstgegenstände verloren gegangen, sodass der mächtige Innenraum überaus schlicht wirkt. Historisch wertvoll ist das über fünf Meter lange Konfessionsbild im nördlichen Seitenschiff, das die Segnungen des evangelischen Glaubens zum Ausdruck bringt.

In unmittelbarer Nähe der Kirche das Städtische Amt für Kultur und Touristik mit Römermuseum und Limes-Informationszentrum. Die hier ausgestellten Exponate aus der Römerzeit, insbesondere der 1979 in einem Spargelbeet gefundene Römerschatz mit über 150 Einzelstücken, darunter 17 Figürchen römischer Götter, werden wir uns nicht entgehen lassen. Genaueres über die Geschichte Weißenburgs ist im benachbarten Reichsstadtmuseum zu erfahren.

Von der Rosen- zur Luitpoldstraße

Es folgt ein Bummel durch die Rosenstraße. Im Blauen Haus, in den Kellergewölben der Einhorn-Apotheke, können die Hinterlassenschaften des Apothekers Wilhelm Kohl besichtigt werden. Rezepturen, Mineralien, Kräuter oder Arbeitsgeräte wie Mörser, Häckselmaschine und Trockenschrank lassen erahnen, wie bescheiden es im 19. Jahrhundert um die medizinische Versorgung der Bevölkerung bestellt war. *Hotel Krone*, Rosenstraße 10, war über Jahrhunderte der wichtigste Gasthof in der ehemaligen Reichsstadt – belegt sind Übernachtungen von Philipp Melanchthon 1540 und Gustav Adolf 1632. Die Rosenstraße führt zum Rathaus, einem mächtigen spätgotischen Sandsteinbau. Davor, in Richtung Marktplatz, der Schweppermanns-Brunnen, vom Volksmund ohne historischen Bezug nach einem Ritter benannt, der sich mit seinem Fähnlein 1322 bei einer Schlacht unter Kaiser Ludwig dem Bayern besonders hervorgetan haben soll. Vom Marktplatz aus leicht bergab kommt man auf der Friedrich-Ebert-Straße zur Spitalkirche mit dem früheren Spitaltor, das anlässlich der Stadterweiterung Mitte des 15. Jahrhunderts aufgegeben worden war.

Der wohl attraktivste Teil der Altstadt begegnet uns auf der Luitpoldstraße, dem ehemaligen Holzmarkt. Hier, vom Rat-

Idylle an der Seeweihermauer

haus bis zum Kaiser-Ludwig-Brunnen, reiht sich Prachtbau an Prachtbau, Fassaden mit kunstvoll gefertigten Familienwappen, einladenden Gaststätten, Brauereihöfen und Cafés. Zwischen den stattlichen Bürgerhäusern links das Kulturzentrum Karmeliterkirche; der restaurierte Klostergarten hinter dem Gebäude ist jederzeit öffentlich zugänglich. Mindestens eine Stunde sollte man hier, im Zentrum der Altstadt rings um das Rathaus, laufend oder sitzend verbringen, voller Staunen und vielleicht auch mit ein wenig Ehrfurcht vor dem, was frühere Generationen geschaffen und uns hinterlassen haben.

Zur Seeweihermauer

Gesehen haben wir bis jetzt zwar schon viel, aber längst nicht alles. Wir gehen also die Luitpoldstraße bis zum Kaiser-Ludwig-Brunnen, biegen hier nach rechts ab und kommen zur Schranne. Die einstige Urpfarrei St. Martin wurde nach der Reformation zweckentfremdet als Lager- bzw. Verkaufsraum und der Nachfolgebau später sogar als Feuerwehrhaus genutzt, ist jedoch jetzt nach diversen Umbauten wieder ein höchst respektables Gebäude. Auf der Judengasse geht's links und gleich nach dem ehemaligen Stadtschreiberhaus rechts die Bachgasse hinunter. Linker Hand könnte das historische Wirtshaus *Zur Kanne* Bierfans zu einer Einkehr motivieren, da dort in den Kellerräumen seltene Brauereigeräte zu sehen sind. Weiter auf der Bachgasse, bis links die Bortenmachergasse abzweigt. Auf ihr erreichen wir die Alte Turnhalle, eine der ersten ihrer Art in Mittelfranken, halten uns jetzt nach links und gehen dann rechts durch den schmalen Mauerdurchbruch zum Seeweiher.

Die nun vor uns liegende Strecke an dem gefüllten Befestigungsgraben entlang ist mit Sicherheit der romantischste Teil unseres Rundgangs. Die Stadtmauer mit ihren zahllosen Türmen und eingebauten Fachwerkhäusern spiegelt sich im Weiher, der auf unserer Seite umringt ist von Erlen und Weiden. Schöner und spektakulärer kann eine mittelalterliche Wehrmauer nicht sein! Wir lassen uns Zeit und schlendern weiter zur Schießgrabenmauer. Die Wasserfüllung fehlt hier, doch auch diese Partie des Stadtmauerrundwegs ist herrlich.

Zurück in die Römerzeit

Schließlich stoßen wir auf die Bahnhofstraße und könnten die Rückfahrt antreten. Ich empfehle jedoch allen Besuchern, die sich noch fit fühlen, ein letztes Highlight, einen Bummel zum *Castrum Biriciana* und zu den Römischen Thermen. Der Weg dorthin ist nicht weit. Im Bahnhof einfach durch die Unterführung zur Kohlstraße gehen und dann rechts ein kurzes Stück bis zum Hinweis Römische Thermen. Bereits fünf Minuten später stehen wir auf dem Gelände des ehemaligen Römerkastells mit dem rekonstruierten Nordtor. Alles Wissenswerte über Größe, Entstehung und Untergang der Ansiedlung vermitteln die ausführlichen Erläuterungen auf Infotafeln. Nochmals fünf Minuten dauert es dann zu den Thermen. Die Ausgrabungen sind überdacht, und der Besucher kann auf einem Führungssteg alle Räumlichkeiten wie Schwitzbad (*sudatorium*), Warmbad (*caldarium*) oder Kaltbad (*frigidarium*) mühelos überblicken. Die präzisen Beschreibungen verdeutlichen, über welch hohes zivilisatorisches Niveau die Römer vor 2.000 Jahren verfügten.

Auf dem gleichen Weg geht es danach zurück zum Bahnhof.

Informationen:

Tourist-Information Weißenburg mit Römermuseum und Limes-Infozentrum, Martin-Luther-Platz 3–5, 91781 Weißenburg, Tel. 0 91 41/90 71 24, www.weissenburg.info

Reichsstadtmuseum Weißenburg, Martin-Luther-Platz 3–5 (neben dem Römermuseum), Tel. 0 91 41/90 71 24.

Apothekenmuseum Weißenburg, Rosenstr. 3, Tel. 0 91 41/23 07. Führungen Mo, Di, Do, Fr 11.00 und 14.30, Mi, Sa nur 11.00. Eintritt Erw. 2 €, Kinder 1 €, www.einhorn-apotheke-weissenburg.de

Einkehrtipps:

Restaurant Andreas Stuben, Rosenstr. 18, Tel. 0 91 41/8 73 79 19. Geöffnet 10.00–14.30 und 17.30–22.00. Di Ruhetag. www.andreas-stuben.de

Restaurant Am Ellinger Tor, Ellinger Str. 7, Tel. 0 91 41/8 64 60. Geöffnet 11.30–14.00 und 17.30–22.00. www.ellingertor.de

Bräustüberl Zur Kanne, Bachgasse 15, Tel. 0 91 41/38 44. Geöffnet Do–So 10.30–14.00 und 17.30–24.00.

Extras:

Weißenburger Altstadtfest am 3. Wochenende im Jul von Fr bis So.

Weißenburger Kirchweih vom 3. bis 4. So im Aug mit Bierprobe am Fr davor.

22 Pappenheim
Von Grafen regiert und literarisch geadelt

Ort:
Staatlich anerkannter Luftkurort im Landkreis Weißenburg-Gunzenhausen, ohne Ortsteile rund 2.000 Einwohner.

Geschichte:
Erste urkundliche Erwähnung 802 als »*Pap(p)inheim*«, zu verstehen als Behausung eines Pap(p)o. Über Jahrhunderte Residenzstadt der Grafen zu Pappenheim. 1288 Stadtrecht nach Weißenburger Art. Ab 1806 bayerisch.

Sehenswürdigkeiten:
2 Schlösser. 5 Kirchen. Zahlreiche stattliche Barockhäuser. Grandiose Burganlage mit botanischem Garten, Museum und Ausstellungen.

Dauer des Rundgangs:
Ohne Einkehr, aber inklusive Burgbegehung, rund 3 Std.

Anfahrt:
ÖPNV: Mit dem Regionalexpress (R 6) bis Pappenheim. Bei den Zügen, die nach Augsburg fahren, in Treuchtlingen in die Regionalbahn (R 63) nach Pappenheim umsteigen. Kfz: Auf der B 2 über Ellingen und Weißenburg, kurz hinter Dietfurt links nach Pappenheim. Parken am Pappenheimer Bahnhof. Die Bahnfahrer gehen auf dem Bahnsteig nach links, durch die Unterführung und danach erneut nach links. Vom Bahnhofsgebäude aus, und das gilt nun auch für die Autofahrer, die Straße überqueren und auf dem Fußweg nach Pappenheim.

Der Satz in Schillers Wallensteindrama »Daran erkenn ich meine Pappenheimer« ist vielen Menschen vom Deutschunterricht her wahrscheinlich noch geläufig, und in Pappenheim wird auf dieses Zitat auch mehrfach hingewiesen. Aber nicht deswegen lohnt sich hier ein Besuch, sondern wegen der wahrhaft geschichtsträchtigen Vergangenheit der Stadt.

Weiden und Nazarener

Auf dem Fußweg, eingerahmt von mächtigen Linden, stoßen wir schon nach ein paar Minuten auf Pappenheims originellste und jüngste Kirche. 2007 hatten evangelische Jugendliche Weidenbüschel in die Erde gesteckt, die sich inzwischen an Stahlrohren hochgerankt haben. Entstanden ist auf diese Weise eine nach allen Seiten offene Weidenkirche, in der Gottesdienst in freier Natur gehalten werden kann.

Je mehr wir uns der historischen Altstadt nähern, desto mächtiger wird die Silhouette der Pappenheimer Burg mit Mauerwerk und Bergfried. Wir wollen uns die Besichtigung dieser großartigen Festungsanlage jedoch für später aufheben und statten zunächst der katholischen Pfarrkirche Mariä Himmelfahrt einen kurzen Besuch ab. Sehenswert ist in dieser Ende des 19. Jahrhunderts erbauten Kirche vor allem die Ausmalung des Innenraums im Nazarenerstil, einer Kunstrichtung, die sich um die Wiedererweckung der altdeutschen und italienischen Malerei bemüht hatte. Die Mischung aus krassem Realismus und sentimentaler Mystik ist hier perfekt gelungen, wirkt von den dargestellten Motiven her aber gleichzeitig naiv und überholt.

Von Pappenheims Prachtstraße zur Stadtpfarrkirche

Am *Gasthaus zum Stern* beginnt die Deisingerstraße, die frühere Judengasse, und damit befinden wir uns jetzt auf der Hauptgeschäftsstraße Pappenheims, die nicht nur durch Läden, Cafés und Wirtshäuser besticht, sondern auch durch etliche herrliche Barockhäuser wie z. B. das Zinsmeisterhaus (Nr. 21), das Apothekenhaus (Nr. 26), das Jüdische Kaufmannshaus (Nr. 16) oder das Hofratshaus (Nr. 12). Alle sehenswerten Gebäude sind mit Hinweistafeln versehen, auf denen über Bauzeit und die früheren Eigentümer informiert wird.

Vor der Touristen-Information biegen wir rechts in die Stadtvogteigasse ein, kommen zur Graf-Carl-Straße und damit zu der 1476 fertiggestellten gotischen Pfarrkirche. 1539/1540 war die Reformation in Pappenheim eingeführt worden, und in der

Pfarrkirche wurde fortan ausschließlich die lutherische Lehre verkündet. Die Hof- und Patronatskirche ist reich bestückt mit Epitaphien und Grabsteinen der gräflichen Familie. Sehr eindrucksvoll auch die Orgelempore mit zwei Patronatslogen, die eine für Angehörige des Grafengeschlechts, die andere für hohe Beamte.

Die Ruhmestaten des Grafengeschlechts

Unmittelbar neben der Pfarrkirche erhebt sich das im Renaissancestil erbaute Alte Schloss mit vier Ecktürmen, Rundfenstern und einem prachtvollen Säulenportal, bis 1820 Residenz der Grafen von Pappenheim. Sie hatten seit dem 11. Jahrhundert das Amt des Marschalls inne und waren damit nicht nur Stallmeister im Heiligen Römischen Reich Deutscher Nation, sondern später auch mit Aufgaben der Heerführung betraut. So eroberte Heinrich von Pappenheim im 12. Jahrhundert für Kaiser Heinrich VI. Palermo und Messina, und 200 Jahre später diente ein anderer Pappenheimer unter König Sigismund als erfolgreicher Feldherr gegen Ungarn und Hussiten. Am berühmtesten wurde der Pappenheimer Gottfried Heinrich, wegen seiner zahlreichen Verwundungen während der Schlacht am Weißen Berg 1620 auch »Schrammhans« genannt, dessen Standbild vor dem Portal des Alten Schlosses steht.

Dieser Gottfried Heinrich war zum katholischen Glauben übergetreten und hatte für seine Verdienste als Oberst der katholischen Liga von Kaiser Ferdinand II. die erbliche Reichsgrafenwürde erhalten. Unter Generalissimus Tilly eroberte er mit seinen gefürchteten Kürassieren die Stadt Magdeburg und stieg zum Feldmarschall auf, bis er, wie auch König Gustav Adolf von Schweden, 1632 in der Schlacht von Lützen tödlich verletzt wurde. In Pappenheim wird die Erinnerung an ihn bis heute hochgehalten, auf der Burg ist ihm ein separater Raum gewidmet.

Vom Markt zur Burg

Wir gehen auf der Graf-Carl-Straße zurück, überqueren den Marktplatz und kommen zur Altmühlbrücke. Jetzt auf der Bürgermeister-Rukwid-Straße weiter geradeaus und dann rechts auf dem Dekanatsweg zum ältesten Gebäude der Stadt. Die vor

1.200 Jahren gebaute Kirche St. Gallus ist eine der frühesten Sakralbauten in Franken. Der Name leitet sich vom Schweizer Kloster St. Gallen ab, zu dessen Besitz die Kirche einst gehörte. An den Wänden von St. Gallus leicht verblichene wertvolle Fresken. Die Innenausstattung beschränkt sich auf ein Sakramentshäuschen sowie einen schönen Marienaltar, beides aus der Zeit um 1500.

Wieder am Marktplatz gehört unsere Aufmerksamkeit dem Neuen Schloss, errichtet 1819–1822 nach Plänen des Hofarchitekten Leo von Klenze. Der klassizistische Bau erinnert an italienische Palastfassaden und ist gegenwärtig Sitz der Gräflichen Verwaltung. Weitere bemerkenswerte Bauten am Marktplatz sind das *Hotel Krone,* das Dekanatsgebäude sowie das Pappenheimer Rathaus, einstmals herrschaftliche Kanzlei und Vogteihaus.

Die wichtigste Sehenswürdigkeit der Stadt, die Pappenheimer Burg, liegt noch vor uns. Deshalb nun zum Braunen Haus, der ehemaligen Gräflichen Brauerei, jetzt *Pension Hirschen,* und von hier auf der Klosterstraße Richtung Oberes Tor, dem einzigen erhaltenen der drei Stadttore. Zuvor passieren wir das Brauhaus *Zum Weißen Ross,* das Stadthaus der »Herren zu

Auf der Deisinger Straße kann man außer einkaufen auch herrliche Barockhäuser bewundern

Pappenheim aus Gräfental« und die ehemalige Augustinereremiten-Klosterkirche. Die Klostergründung im Jahr 1372 wird auf Heinrich von Pappenheim zurückgeführt. Der Innenraum der Kirche ist reich mit gotischem Chorgestühl, Grabsteinen, Epitaphien und Totenschilden ausgestattet und seit 1700 Grabstätte der Pappenheimer Grafen. Gottesdienste finden hier nicht mehr statt, die Kirche ist nur im Rahmen einer gebuchten Führung zugänglich.

Eine bewegte Vergangenheit

Kurz nach Durchschreiten des Oberen Tores erreichen wir den Eingang zum Burgareal, das sich über eine Fläche von etwa drei Hektar erstreckt. Trotz ihrer günstigen Lage auf einem Bergsporn 170 Meter über der Stadt und trotz der vorzüglichen Befestigung mit meterdickem Mauerwerk hielt die bereits um 1002 bezeugte Burg den Wirren der Geschichte nicht immer stand. 1633 wurde sie von den Schweden erobert und schwer verwüstet, 1704 im Zuge des Spanischen Erbfolgekrieges erneut eingenommen und geplündert. Was den Besucher erwartet, ist dennoch überwältigend: In der Vorburg Rittersaal, Kapelle, Burgschänke und eine Folterkammer mit historischen Marterinstrumenten wie Streckbank, Schandgeige und Pranger, außerdem Ausstellungen zur Geschichte Pappenheims. In

Blick auf Pappenheim vom Weinberg aus

der Hauptburg die Reste des ehemaligen Palas, ein 75 Meter tiefer Brunnen und der 30 Meter hohe Bergfried, der dank seiner drei Meter starken Mauern allen Belagerungen standhalten konnte. Der Blick von hier auf die historische Altstadt entschädigt reichlich für die Strapazen des Aufstiegs.

In den letzten Jahren entstand auf dem Burggelände ein Botanischer Garten mit über 1.000 heimischen Gewächsen. Da gibt es Wildstaudengärten, einen Weingarten, ein Feuchtbiotop, Wildrosen und einen Kräutergarten. Alle Pflanzen sind mit deutschen und lateinischen Namen versehen. Nicht versäumen sollte man einen Besuch des neuen Natur- und Jagdmuseums mit Exponaten zur Jagdgeschichte und einer Vielzahl präparierter heimischer Tiere. Die Rufe und Stimmen der Vögel und Waldtiere können über Lautsprecher abgehört werden.

Zurück in die Stadt am besten auf dem Fußweg, der seitlich des Burgparkplatzes beginnt und entlang der Burgmauern hinunter zur katholischen Pfarrkirche führt. Exzellente Bewirtung bietet der *Hotel-Gasthof Zur Sonne* in der Deisingerstraße.

Information:

Tourist-Info Pappenheim, Stadtvogteigasse 1, 91788 Pappenheim, Tel. 0 91 43/6 06 66, www.pappenheim.de
Burg Pappenheim. Geöffnet Apr tägl. 10.00-17.00, Mai–Ende Sep tägl. 10.00–18.00, vom 01.10. bis 01.11. tägl. 10.00–17.00. Kontakt über die Gräflich Pappenheimsche Verwaltung, Tel. 0 91 43/8 38 90, www.grafschaft-pappenheim.de

Einkehrtipp:

***Hotel-Gasthof Zur Sonne*, Deisingerstr. 20, Tel. 0 91 43/83 78 37, geöffnet 11.00–14.00 und 17.00–21.30. Di Ruhetag.**

Zum Autor

Dr. Thilo Castner, Jahrgang 1935, war bis 1998 Studiendirektor an der Städtischen Wirtschaftsschule Nürnberg und ist seitdem fast pausenlos in seiner fränkischen Heimat unterwegs, um immer wieder neue, verborgene Schätze Frankens zu entdecken. Als freier Mitarbeiter der *Nürnberger Nachrichten* hat er nicht nur zu aktuellen Fragen der Wirtschafts- und Sozialpolitik Stellung bezogen, sondern auch wiederholt gern gelesene Wander- und Ausflugstipps veröffentlicht. Er ist u.a. Co-Autor des *Großstadt-Verführers Franken* und des *Wirtshaus-Verführers Franken* sowie der *Ausflugs-Verführer Fränkische Schweiz, Weinfranken* und *Franken*.

Register

A-C

Agbach 126, 127
Aischgründer Karpfenmuseum 61, 63
Alte Apotheke 138, 143
Alte Mainbrücke 32, 37
Altes Schloss Neustadt 57, 61, 63
Altes Schloss Pappenheim 114
Alte Vogtei 102, 104
Altmühltaler Abenteuerpark 132, 134
Altstadtfest
- Ebermannstadt 26
- Greding 128
- Hersbruck 81
- Lauf a. d. Pegnitz 88
- Weißenburg i. Bay. 141
- Wolframs-Eschenbach 107
Apothekenmuseum 135, 138, 141
Apothekergarten 61
Archäologie Museum 126, 128
Augustiner Chorherrenstift 51, 52, 53, 54
Augustinereremiten-Klosterkirche 146
Balthasar-Neumann-Rundweg 27, 28, 30, 31
Bauernmarkt
- Hilpoltstein 114
- Neunkirchen a. Brand 56
- Neustadt a. d. Aisch 63
Bayerischer Zwiebelmarkt 134
Beilngries 129–134
Beß'n-Haus 97, 101
Botanischer Garten 142, 147
Brauereigasthof Lindenbräu 43, 44
Brauereimuseum
- Beilngries 132, 134
- Gräfenberg 43, 44
Bräustüberl Zur Kanne 141
Briegel, Carl 12
Bürgerspital 79
Bürgerwehr 15
Burgfest 114
Burg Gößweinstein 27, 29, 30, 31
Burg Pappenheim 143, 145, 147
Burgruine Hilpoltstein 108, 112, 114
Burg Veldenstein 45, 46, 48, 50
Café am Marktplatz 94, 95
Café Parzival 107
Castrum Birciana 135, 139, 140
Conditorei-Museum 35, 38
Creußen 16–20

D-F

Deutsches Hirtenmuseum 75, 76, 78, 79, 80
Deutschordensschloss, ehemaliges
- Dinkelsbühl 115, 120
- Wolframs-Eschenbach 102, 104, 106
Dinkelsbühl 115 –122
Dokumentationsstätte KZ Hersbruck 79, 81

Ebermannstadt 21–26
Eremitage, bürgerliche 16, 17
Erlebnis-Freibad 26
Falterturm 33, 35, 37, 38
Fastnachtmuseum, deutsches 33, 35, 38
Felix-Müller-Museum 51, 53, 55, 56
Festung Rothenberg 64, 67, 68, 69
Forsthaus, fürstbischöfliches 123, 124, 125
Frankenalb Therme 75, 80, 81
Fränkische Rezat 99
Franziskanerkloster 30, 130, 134
Friedmanns Bräustüberl 43, 44
Fürstenherberge, ehemalige 102, 104, 118

G-J

Gabrieli de, Gabriel 124, 129, 130
Gasthaus
- an der Mauermühle 88
- Goldene Gans 37, 38
- Zum Schwarzen Roß 114
- Zur Sonne 59, 63
Gasthof
- Der Millipp 132, 134
- Pension zur Traube 50
- Schützengarten 60, 63
- Schwanenbräu 24, 25, 26
- Schwarzer Adler 74
- Sonne 98, 100, 101
- Stern 128
- Zum Löwen 90, 95
- Zur Sonne 147
Gaststätte & Gästehaus Im Gärtlein 20
Gaststätte Schwarzer Adler 76, 80, 81
Georgifest 17, 20
Goldene Straße 80, 85
Gollach 72
Gollachgau-Museum 72
Göring, Hermann 47, 48
Gößweinstein 27–31
Gräfenberg 39–44
Greding 123 – 128
Gredinger Trachtenmarkt 127, 128
Gustav Adolf 138, 144
Hausbrauerei Kohlenmühle 63
Haus des Gastes
- Beilngries 130, 131
- Gößweinstein 31
- Hilpoltstein 112
Haus der Geschichte Dinkelsbühl 117, 122
Heideckerkapelle 93
Heilbrunnen 92, 93
Heilsbronn 7, 89–95
Heimatfest
- Dinkelsbühl 118, 122
- Königsberg i. Bay. 15
Heimatmuseum
- Ebermannstadt 21, 25, 26
- Neunkirchen 51, 54, 56
- Schnaittach 64, 65, 69
- Uffenheim 70, 71
- Windsbach 96, 97, 100, 101
Heimatstuben Heilsbronn 89, 94
Herbstmarkt 69

Hersbruck 75–81
Hersbrucker Schloss 75, 76, 77, 78
Hersbrucker Sommerfest 81
Hilpoltstein 108–114
Hohenzoller 57, 72, 93
Hotel am Markt 126, 128
Hotel Burg Veldenstein 50
Hotel-Gasthof Krone 128
Hotel-Gasthof Resengörg 24, 26
Hotel Krone 31
Hotel-Restaurant
- Bauer-Keller 128
- Bayerischer Hof 37, 38
- Deutsches Haus 117, 122
Industriemuseum 82, 85, 86, 87, 88
Italienischer Sommer 134
Jagdschloss, fürstbischöfliches
- Beilngries 132, 133
- Greding 123, 124, 125, 127
Jean Paul 61
Jean-Paul-Allee 60
Judenturm 83, 88
Jüdischer Friedhof 64, 66
Jüdisches Museum Franken 64, 65, 69

K-M

Kalkach 39, 40, 41
Kalvarienberg 64, 66
Kapelle Heilig Kreuz 37
Kapelle Zur Christenruh 99
Karner 123, 124, 125
Katharinenkapelle 53
Katharinenturm 89, 94
Kerwa 63
Kinderzeche 118, 122
Kinderzech-Zeughaus 121, 122
Kirche
- Andreaskirche 136, 137
- Dreieinigkeitskirche 39, 40, 41
- Heilig-Geist-Kirche 118
- Johanniskirche 83, 84, 88
- Mariä Himmelfahrt 143
- Marienkirche 10, 12
- St. Elisabeth 75, 79
- St. Gallus 145
- St. Jakobus, Creußen 16, 17, 18
- St. Jakobus, Greding 125
- St. Johannes 36, 62, 111
- St. Johannes der Täufer , Neustadt a. d. Aisch 62
- St. Johannes der Täufer, Hilpoltstein 111
- St. Johannis, Lauf a. d. Pegnitz 84, 85, 88
- St. Johannis, Uffenheim 71, 73
- St. Kunigund 66
- St. Leonhard 86
- St. Margaretha 96, 98
- St. Maria, Hersbruck 75, 77
- St. Maria, Neuhaus 50
- St.-Martinskirche 124
- St. Michael 51, 52, 53, 54
- St. Nikolaus 22, 23
- St.-Pauls-Kirche 119
- St. Peter und Paul 45, 46, 47
- St. Walburga 129, 131
- Weidenkirche 143
- Zum Heiligen Kreuz 66
- Zu Ehren der Heiligen Dreifaltigkeit 27

Kitzingen 32–38
Kitzinger Weinherbst 33
Klosterbrauerei Weißenohe 44
Klostergebäude 34, 54, 89, 90, 91, 92, 119
Klosterkeller 34, 38
Kommunbrauhaus/ -brauerei/ -wirtschaft 17, 40, 45, 46, 50, 85
Kommunbrauerei Paul Benaburger 50
Kommunwirtschaft der Eheleute Döth 50
Kommunwirtschaft Paul Reindl 50
Konditorei-Café Helmreich 101
Konditorei & Cafe & Pralinenmanufaktur Ritter 73, 74
Königsberg i. Bay. 10–15
Konventhaus 89, 93, 95
Krügemuseum 5, 8, 16, 17, 18, 19, 20
Kunigundenfest 88
Kunsthandwerkerhof 10, 15
Kunstmuseum 78, 79, 81
Lahner, Georg 24, 25
Landhotel Gary 107
Lauf a. d. Pegnitz 7, 82–88
Liebfrauenmüster 102, 106
Limes-Informationszentrum 135, 138
Ludwigsbahn 78
Marienkapelle 21, 23
Markgrafenbrücke 99
Maximiliansgrotte 48
Müller, Felix 53, 54, 55
Münster St. Georg 115, 116, 117
Museum 3. Dimension 120, 122
Museum Heilsbronn 89, 93, 95
Museum KinderSpielWelten 63
Museumsbahn 26
Museum Schwarzes Roß 108, 110, 114
Musikinstrumentensammlung 89, 94

N-R

Natur- und Jagdmuseum 147
Neues Schloss Neustadt 59, 61
Neues Schloss Pappenheim 145
Neuhaus a. d. Pegnitz 45–50
Neumann, Balthasar 28, 30, 36, 37, 54
Neunkirchen a. Brand 51–56
Neustadt a. d. Aisch 57–63, 70
Neustädter Unterwelt 57, 60
Oldtimertreffen 134
Pappenheim 142–147
Parsifal 29, 31
Parzival 103
Pflegeamtsschloss, ehemaliges 41
Polsters Klosterhof 55, 56
Pragerstraße 80
Pranger 98, 146
Räuber-Hotzenplotz-Fest 107
Regiomontanus 12, 13
Reichelsche Schleifmühle 82, 83, 88
Reichsstadtmuseum 135, 138, 141

Restaurant
- Altes Rathaus 88
- Am Ellinger Tor 137, 141
- Andreas Stuben 137, 141
- Café Bauer 76, 80, 81
- Herrenschenke 12, 15
Römermuseum 135, 138, 141
Römische Thermen 135, 140
Rothenberg 64, 65, 67, 68
Rothenburger Tor 117, 118, 121

S-U

Salvatorfriedhof 82, 86
Salzmarkt 10, 13, 15
Scharrer, Johannes 78
Scherenhof 71
Scheunenviertel, altes 21, 23, 25, 26, 49
Schlossberggaststätte 14, 15
Schloss Hirschberg 8, 129, 130, 131, 132, 133, 134
Schnaittach 64–69
Schwabach, Fluß 92, 93
Sparkassen-Museum 126, 128
Spielzeugmuseum 27, 28, 31, 130, 134
Spital 86, 118
Spitalkirche 34, 73, 75, 79, 135, 138
Stadtturm Windsbach 96, 98
Stauferburg-Ruine 10, 13, 14
Sturm, Christoph 111
Synagoge
- Kitzingen 32, 36
- Schnaittach 64, 65
- Uffenheim 70
Theiler, Friedrich 24, 25
Töpfermarkt 14, 20
Traidkasten 108, 112
Turmuhrenmuseum 42, 44
Uffenheim 70–74
Uffenheimer Schloss 71

V-Z

Velden 45, 48, 49, 50
Veldensteiner Festival 50
Viktor-von-Scheffel-Denkmal 27, 28
Wallfahrtsmuseum 27, 29, 31
Wasserschöpfrad 22, 23, 24
Weinfest, deutsch-italienisches 69
Weinkellerei Meuschel 38
Weißenburg i. Bay. 135 –141
Weißenburger Kirchweih 141
Weißenohe 39, 44
Wei'-Stübla 15
Wenzelschloss 82, 83, 84
Wigalois 42
Windsbach 96–101
Windsbacher Knabenchor 96, 98, 100
Winsbeke 98
Wirnt von Gravenberc 41, 42
Wirtshaus Zwinger Melber 85, 88
Wiesent 21, 22, 23, 24
Wolfram-Denkmal 103
Wolframs-Eschenbach 102–107
Wolfram-von-Eschenbach-Museum 102, 107
Wolfram-von-Eschenbach-Platz 103, 104, 107
Zisterzienser 89, 93, 94
Zoigl 46, 50

Biergenuss in Franken

▷ Na dann, Prost! Mit 30 neuen Touren durch ganz Franken ist der ebenso beliebte wie erfolgreiche *Ausflugs-Verführer Bierfranken* in die zweite Runde gegangen und enthüllt abwechslungsreiche Freizeitaktivitäten, die Liebhabern des Gerstensaftes bestimmt gefallen werden. Der Höhepunkt ist jedoch die abschließende Einkehr in Brauereigaststätten, die zum Teil noch echte Geheimtipps sind und durch ihren ursprünglichen Charme bezaubern. Denn wann schmeckt ein kühles Helles besser als auf einem gelungenen Ausflug?

- ausführliche Tourenbeschreibungen
- Detail- und Übersichtskarten
- Einkehrtipps
- Bierempfehlungen
- Informationen zu Brauereien, Brauereigasthöfen und Brauereikellern

»... prima geschrieben.«
FAZ über *Der Ausflugs-Verführer Bierfranken, Band 1*

V. Bronnenmeyer ·
M. & R. Weirauch
Der Ausflugs-Verführer Bierfranken 2 – 30 neue Touren für Genießer
Broschur, 216 Seiten
ISBN 978-3-86913-062-0

ars vivendi

Man ist, was man isst!

▷ Was Franken an kulinarischen Köstlichkeiten auf den Tisch bringt, das kann sich wahrlich sehen lassen. Ob traditionell-bodenständig oder ideenreich variiert – fränkische Landfrauen verraten in diesem Kochbuch mehr als 200 ihrer bewährten Lieblingsrezepte samt Serviervorschlägen, Tipps und Tricks.

- Klassiker der fränkischen Küche
- Mit witzigen und liebevollen Illustrationen
- Mehr als 200 bewährte Rezepte

Gessn werd derhamm
Das Kochbuch fränkischer Landfrauen
Klappenbroschur, 176 Seiten
ISBN 978-3-89716-094-1

ars vivendi